西南大学工商管理学科建设系列丛书（第一辑）

中央高校基本科研业务费专项一般项目（SWU1609152）、
西南大学学科建设专项经费资助

盈余持续性、使用者感知与资源配置效率

杨晋渝 ◎ 著

中国财经出版传媒集团
中国财政经济出版社

图书在版编目（CIP）数据

盈余持续性、使用者感知与资源配置效率/杨晋渝著．—北京：中国财政经济出版社，2018.3
（西南大学工商管理学科建设系列丛书．第一辑）
ISBN 978-7-5095-8019-6

Ⅰ.①盈…　Ⅱ.①杨…　Ⅲ.①企业管理-会计管理-研究-中国　Ⅳ.①F279.23

中国版本图书馆 CIP 数据核字（2018）第 004406 号

责任编辑：杨　骁　　　　责任校对：刘　靖

中国财政经济出版社 出版
URL：http：//ckfz.cfeph.cn
E-mail：cfeph@cfeph.cn

社址：北京市海淀区阜成路甲 28 号　邮政编码：100142
营销中心电话：010-88191537
天猫网店：中国财政经济出版社旗舰店
网址：https：//zgczjjcbs.tmall.com
北京财经印刷厂印刷　各地新华书店经销
880×1230 毫米　32 开　6.375 印张　150 000 字
2018 年 6 月第 1 版　2018 年 6 月北京第 1 次印刷
定价：35.00 元
ISBN 978-7-5095-8019-6
（图书出现印装问题，本社负责调换）
本社质量投诉电话：010-88190744
打击盗版举报热线：010-88191661　QQ：2242791300

前言

会计信息质量理论相关领域是公司金融理论在股票市场研究的前沿领域。在现实的市场体系下，市场参与主体（公司、政府、投资者及其他利益相关者）之间存在大量的信息不完备现象和不对称状态，这使得信息对于股票市场而言具有显著的经济意义。会计信息可以减轻由于信息不对称带来的信息问题和代理问题，是市场经济国家资源配置的重要依据。股票市场最核心的功能是资本配置功能。作为主要的直接融资市场，股票市场连接着资金盈余部门和资金不足部门，促进资本在国民经济各部门的流动，从而提高整个国民经济的产出水平。会计信息质量作为降低股票市场非完备性和非对称性的主要措施，其质量的提高是否有利于提高股票市场的资本配置效率在目前的会计信息质量理论体系中尚没有完整的论述。中国股票市场作为市场透明度不高、信息机制不够健全的新兴股票市场，研究其盈余持续性与资本配置效率的关系，具有很强的理论价值和现实意义。盈余持续性是股东、债权人及其他利益相关者主要关注的会计信息。盈余质量对资本市场的有效运转和资本的有效配置至关重要。在我国资本市场中，股票的发行与上市和配股的规定，都以会计盈余作为重要的判断指标。盈余持续性的信息影响投资者对未来盈余的预期，能够提高正确预测未来盈余的可能性，即具有高预测价值。盈余持续性作为盈余质量的重要属性之一，反映了企业的当期盈余在未来将持续或增长的可能性。盈余持续性越强，公司盈余信息的预测价值就越大，因而也就是与决策相关的。投资者分析历史盈余信息的目的在于推断未来盈余。能够达到这个目的需要一个前提，就是企业的盈余必须具有持续性，也就是历史数据的某些特征将在未来得以延续，否则分析利润表上的历史信息将不能对投资决策有任何贡献。盈余持续性越高，盈余的平稳性则越强，可预测性亦越强。同时，盈余持续性越高，盈余信息提供的信息含量会增加，盈余的价值相关性便越强。

资本配置效率不仅是经济学研究的核心命题，而且资本能在何种程度上配置于正确的公司或投资项目，已经成为了当前公司财务研究的一个核心问题。较高的资本配置效率不仅是公司在市场竞争中持续发展的关键，也是公司成长的主要动因和未来现金流量增长的重要基础。近几年来，我国学者陆续开始重视资本配置效率的研究。然而，由于我国目前处于新兴加转轨的特殊经济制度时期，很少有学者对盈余持续性和资本配置效率的相关性进行研究。如何分析和评价盈余质量以及盈余质量的资本市场经济后果是理论界和实务界研究的热门问题。因此，本书认为，高质量的会计信息有助于提高公司的资本配置效率。

首先，本书在前人研究的基础上，探讨盈余持续性影响上市公司资本配置效率的理论机制，分析了盈余持续性对公司间资本配置效率及公司内资本配置效率产生影响的传导机制。并提出观点：在市场相对有效以及投资者对会计信息质量有一定鉴别能力的情形下，会计信息质量与资本配置效率之间呈现正相关关系，即会计信息质量的改善有助于提高资本配置效率。最后，本书对会计信息质量与资本配置效率关系进行了实证研究，实证结果表明在中国资本市场无论从投资、融资还是定价角度盈余持续性与资本配置效率之间呈现正相关关系，这与本书的理论分析结果相一致。

杨晋渝

2017 年 11 月

目 录

第1章 绪 论

1.1 研究背景及意义

盈余信息，包括盈余水平及其组成成分的详细信息，属于会计信息的重要组成部分，是预测和分析公司经营业绩以及财务状况变动的核心指标。盈余质量是企业财务报告的盈余忠实地反映企业的经济收益程度，盈余质量是公司质量的重要部分。

在企业中，会计信息特别是盈余信息发挥着重要的作用。从信息观的角度分析，会计盈余信息作为会计信息使用者的信息来源，对于不同的利益相关方，如公司管理层、债权人、政府部门和投资者等，都具有十分重要的作用。这些信息使用者希望通过会计盈余信息，了解企业真实的经营状况。会计信息要能为信息使用者提供有助于做出合理的投资、信贷和类似决策方面的有用信息。企业的盈余信息向外界传递企业某一时期内的财务状况、经营成果和现金流量的信息，从而使投资者和管理层能够根据这些信息进行决策。因而需要会计信息能够有效地帮助使用者对过去、现在和未来事件的结果做出预测，证实或是改进先前的预期，从而具备在决策中导致差别的能力。

预测价值是以历史成本为基础的财务报告中侧重于决策有用性的会计信息质量特征，FASB 概念公告第 2 号《会计信息的质量特征》中将预测价值作为价值相关性的组成部分，并将其界定为“能够帮助使用者提高正确预测过去对未来事件影响结果可能性的信息质量特征”。正如 FASB 概念公告第 1 号《企业财务报告目标》中所指出的：“虽然投资和信贷决策反映了投资者和债权人对未来业绩的预期，但这一预期一般建立在评价企业过去业绩的基础上，至少部分如此。”盈余持续性的信息影响公司管理层、债权人、政府部门和投资者等信息使用者对未来盈余的预期，能够提高正确预测未来盈余的可能性，即具有高预测价值。对盈余进行持续性度量是企业各种综合素质和发展能力的体现，对企业未来盈余有较强的预测价值。盈余持续性作为盈余质量的重要属性之一，反映了企业的当期盈余在未来将持续或增长的可能性（Choi，1994）。盈余持续性越强，公司盈余信息的预测价值就越大，因而也就是与决策相关的。公司管理层、债权人、政府部门和投资者等信息使用者分析历史盈余信息的目的在于推断未来盈余。能够达到这个目的需要一个前提，就是企业的盈余必须具有持续性，也就是历史数据的某些特征将在未来得以延续，否则分析利润表上的历史信息将不能对投资决策有任何贡献。盈余持续性越高，盈余的平稳性则越强，可预测性亦越强。同时，盈余持续性越高，盈余信息提供的信息含量会增加，盈余的价值相关性便越强。

盈余持续性作为会计盈余质量的属性，其实质体现的是管理层的经营质量，能够影响债权人、政府部门和投资者等信息使用者的决策。上市公司的外部主体最为关心的是上市公司所在实体产业的经营业绩，盈余是否具有稳定性和持续性，是一家公司获得稳定和长足发展的核心，也是债权人、政府部门和投资者等信息使用者对其价值做出评估的基础。资本市场上外在的债权人、政府部门和投资者等信息使用者无法观察到企业的经济收益，所以只有通过盈余信息来观察和推断企业的经济收益，这样盈余质量就起着关键的作用，盈余质量是债权人、政府部门和投资者等信息使用者对公司财务报告建立信任的基础。盈余质量的好坏影响到债权人、政府部门和投资者等信息使用者与公司间的信息不对称。由此，上市公司对外披露的财务报表的盈余质量就成为被广泛关注的问题。

考虑一个仅包括企业、投资者和政府三方的简化信息披露模型，企业是信息提供者，属代理人角色；投资者是信息使用者，属委托人角色；政府则是混合角色，既使用会计信息，有着委托人的行为特点，又承担着会计信息披露契约的制定与监督，起着独立第三方的作用。盈余持续性为公司管理层、债权人、政府部门和投资者等信息使用者提供了有用信息，在资源的有效配置中发挥着重要作用。会计信息是企业内部的价格机制，在会计信息质量较高的情况下，能够使管理者进行资源的优化使用，投资者也能够将资金投到投资回报率较高的企业，从而实现整个社会资源的优化配置。对资本配置效率的研究是一个非常有价值的课题，也是经济学和财务学研究的核心问题。资源配置效率问题一直是经济学和财务学关注的核心问题，也是中外学者研究的热点问题。资源配置效率的提高，不仅能促进国家总体经济实力的增强和经济发展方式的转变，还能够影响企业的经营决策方式，增强竞争力。与西方发达国家相比，中国上市公司资本配置效率问题的研究具有其特殊性。从20世纪90年代初到现在，中国证券市场的发展已经初具规模。但与之形成鲜明对比的是，上市公司的资金使用效率十分低下。可见，如何提高证券市场的资本配置效率是摆在我们面前的一项重大课题。

高质量的盈余信息，使利益相关者能够获得公司充分、真实的决策信息，能够优化整个社会的资源配置效率。高质量的盈余信息能够真实地反映企业的财务状况和经营成果，更有利各方做出正确的决策，将有限的资源配置给效率更高的企业，从而有利于提高资源的配置效率。公司盈余质量的高低会对资源配置产生影响，虚假的盈余信息使盈余质量下降，误导了投资者，使得资金被配置到了低质量的企业当中，降低了资金的使用效率。盈余质量与资本成本的研究得出了几乎一致的结论：高质量的盈余信息降低了资本成本；高质量的盈余信息降低了企业与投资者之间的信息不对称，从而增加了股票市场的流动性，降低了代理成本；高质量的盈余降低了信息风险，减少了信息溢价，导致权益资本成本降低。本书尝试在中国的现实制度背景下对盈余质量和资本配置效率两者的关系进行探讨，以检验盈余质量的改善能否提高以及如何提高证券市场的资本配置效率。从资源配置效率的角度进一步研究公司盈余质量的经济后果，为盈余质量的提高提供理论依据和政策支持。

1.2 概念的界定

在本节中，首先，我们将对本书中的重要概念——盈余持续性、使用者感知和资源配置效率进行界定，明确相应的研究范围。

1.2.1 盈余持续性

（1）盈余质量与盈余持续性

尽管盈余持续性并非是盈余质量的一个完全定义，但是它经常被看作盈余的质量特征之一。盈余质量的构造主要源自四个方面，其中包括盈余的时间序列特征，比如持续性、可预测性和波动性。在一般的财务信息质量特征框架中包含了这样一个链条“决策有用性——相关性——预测价值——盈余持续性”，这充分体现了盈余持续性作为财务信息质量特征的重要性。作为盈余质量指标的持续性，源于决策有用性。它的效用来自盈余持续性与股票回报和盈余关联性之间的正向关系，并且这种关系在概念上合理、在经验上已得到证实。

有许多学者从盈余持续性的角度来界定盈余质量，并且一般认为，盈余持续性越高，盈余质量也越高。例如，Richardson（2003）从应计项目持续性的角度来界定和度量盈余质量，并认为持续性越好的盈余其质量越高；一些学者探讨了盈余持续性与盈余质量其他度量指标之间的关系，并且一般发现存在对应关系。例如，Cheng 等（1996）研究发现，随着盈余持续性的降低，盈余的增量信息含量减低，而经营活动现金流量相对于盈余的增量信息含量提高。Dichev 和 Tang（2008）的研究表明，收入和费用之间的相关性呈现显著的下降趋势，导致盈余的波动性增大，盈余的持续性下降，盈余变化的自相关为负的程度更大。

（2）盈余持续性的含义

对盈余持续性的研究开始于 Ball 和 Watts（1972），但国内外学者在不同的时代从不同的角度对盈余持续性进行界定。有些学者从盈余时间序列特征的角度界定盈余持续性。按盈余整体来考虑其持续性，从实际盈余相对于其预期盈余的变动角度去考虑盈余持续性。例如，Kormendi 和 Lipe（1987）、Lev（1989）都认为，盈余持续性是盈余创新（未预期的部分）对预期未来盈余的影响，或者说就是1货币单位的当期盈余创新所引发的预期未来盈余修正的现值。如 Sun（2005）将盈余持续性表述为本期盈余未预期的变动能够对未来盈余预期按同方向进行修正的程度。

一些学者从自相关的角度来定义盈余持续性，如 Lipe（1990）从盈余自相关的角度来界定持续性，以为无论某个盈余创新的大小和符号，持续性都是指当期的盈余创新成为盈余序列一个永久性部分的程度（随机游走过程具有高持续性，均值回归则基本不具有持续性）。Anctil 和 Chamberlain（2005）认为，盈余持续性是指报告盈余的序列相关性。

还有一些学者从当期盈余对未来盈余预测能力的角度来界定盈余持续性，也即在线性回归模型中用当期盈余（或者盈余组成部分）预测未来盈余，回归系数越大，盈余持续性就越高。例如，根据 Sloan（1996）和 Richardson 等（2005）的研究，盈余持续性是指盈余业绩持续到下一期的程度。张兰萍（2006）认为，盈余的持续性是指导致当前盈余变动的事件或交易能够影响未来盈余的时间长短及稳定程度。Finger（1994），Lorek 和 Willinger（1996），Skinner（2004）对盈余持续性的定义。他们认为盈余的预测能力反映了当期盈余与公司未来业绩之间的依存关系和关联度，关联性越强，则盈余质量越高。

1.2.2 使用者感知

投资者基于会计信息质量对证券等资本资产区别定价的前提

是，投资者能够有效地鉴别会计信息质量的优劣。关于投资者是否能看穿应计会计数字里的暂时性歪曲问题，当前存在着争议。与投资者对会计信息质量进行定价的说法不同，许多学者发现投资者和其他信息使用者并不能有效地看穿某种形式的机会主义盈余管理行为。Foster（1979）发现因财务报告误导而受到媒体批评的企业，在发布日其股价下降8%。Dechow等（1996）发现，被SEC指定为进行旨在调高收益的盈余管理的企业样本，在SEC质询公告发布后经历了大幅度股价下降。Beneish（1997）发现违背GAAP（基于作者的计量）的企业存在明显异常回报的证据。这种价格变化恰恰说明了投资者原来并没有意识到公司的盈余管理问题。然而，这类针对过度差的会计信息质量资本市场后果的研究，不能用来建立会计信息质量和资本市场后果的一般关系。

1.2.3 资源配置效率

West和Tinic（1976）提出将资本市场分为内在效率与外在效率。所谓内在效率主要反映资本市场的组织功能与服务功能的效率，主要依据资本市场能否以最短的时间最低的费用为交易者完成一笔交易。所谓外在效率是在证券市场条件下，证券市场调节和分配资本的效率，主要以证券价格对有关信息的反应灵敏度来衡量。

以上无论是内在效率还是外在效率的完成都必须借助于信息效率，即有关信息能否充分、及时、无偏地反映在价格的动态过程中。与此密切联系的一个概念是资本市场的功能效率。资本市场的功能效率主要反映在资金配置功能效率上，即稀缺的资本是否流向了资源运用效用最好的公司。在资本市场条件下资本配置效率须借助两个相对独立的过程来完成，其中的外部过程是在价格机制引导下供给者的资本资源以最低交易成本流向资本运用效率最好的上市公司；在内部过程中，需求者将募得资金转化为产业资本投向实际生产，最终形成有效产出。

资本有效配置是资本市场的核心功能，而证券价格充分、快速和无偏地反映信息是实现市场资本有效配置的手段。Hayek（1945）指出资本的任何配置都是特定决策的结果，而任何决策的制定，必须基于给定的信息。他认为信息对资本配置效率具有决定性的作用。市场反应信息的效率直接决定了市场资源配置效率的高低。信息效率层次越高，则越能充分反映于证券相关的信息，证券的定价就越准确，资本配置效率越高。信息效率与资本配置效率很大程度上是一致的，但并不能因此将二者等同起来，如市场的信息效率达到半强式有效市场，股价也不一定完全反映公开的质量信息；但如果公开的信息质量存在缺陷的前提下，资本配置效率肯定会受到负面的影响。

资本配置是指将企业资本在不同来源之间进行组合，在不同用途之间进行分配。企业资本配置涉及财务活动的全过程。在筹资中，资本的配置主要解决筹资来源结构的合理安排问题；在投资中，资本的配置主要解决资本的合理分配问题。资本配置效率的提高意味着通过资本市场或公司组织结构完善而有效的运作机制，将有限的金融资本配置到高资本回报率公司或投资项目，同时从低成本回报率的公司或投资项目中适时撤出。Stein（2003）指出，一个完整的资源配置过程包括融资和投资两个方面。融资是对资源的第一次配置，其目的在于第二次配置：通过两次配置，社会资金将从低效率的资金拥有者手中流向高效的资金使用者手中，并由高效率的资金使用者将资金配置到高收益的项目中，从而获取比资金持有者自己经营更高的收益。

因此，本书所指资源配置效率同时包括融资效率和投资效率两个方面。

（1）融资效率

尽管融资是企业资金运作的第一步，但目前并没有统一的融资效率定义。从文献上来看，对于融资效率的定义可以分为以下三类：

第一类观点认为，融资效率就是融资能力和融资成本的高低。比如高西有（2006）认为："融资效率主要是指企业融资能力的大小及融资成本的高低"；陈珊（1999）认为："融资效率就是企业融资能力的大小"等。此类观点主要聚焦于资金的取得上。

第二类观点认为，融资效率同时包括以低成本融通资金的能力和将稀缺资本分配给最优化"生产性"使用者的能力。比如余运久（2001）认为"企业的融资效率是指企业能够以尽可能低的成本融通到所需的资金"，并且"所融通的资金得到了合理利用。"这类观点实际上包括了资金的取得和使用两个过程的效率。

第三类观点则从更抽象的角度来进行定义。高有才（2003）认为企业融资效率就是"企业融资对经济发展所产生的影响程度和作用力大小"；杨兴权（2004）认为"公司融资效率是指公司在为生产运营融资的财务活动中所实现的效能或功效"。

在上述类观点中，第二类观点实际上是最广义的融资效率，已经包含了投资所产生的效率；而第三类定义则太抽象，无法加以量化衡量。因此，本书采用第一类观点，即融资效率是指企业融资能力的大小和融资成本的高低。

（2）投资效率

在相关文献中，很少对"投资效率"进行定义。已有的定义中，徐玉德和周玮（2009）认为："投资效率就是投资收益与投资成本之比”；孙覃（2004）认为：“投资效率是指资本的产出弹性或投资的利润率。资本产出弹性是新增单位资本增加的产出值”。

近年来，有学者从企业投资与财务目标实现的角度来界定投资效率，认为：企业的目标是实现企业价值最大化，而投资是企业理财活动的一部分，企业投资的目标也必须是实现企业价值的最大化。因此，可以根据投资对企业价值最大化的效用来定义投资效率。也就是说，投资效率就是通过投资活动投入一定资源、创造净收益或提升企业价值的能力（叶蓓，2008）。与此相应，凡是不能增进企业价值的投资意味着不能有效利用稀缺资源，因而是非效率投资（周红霞和欧阳凌，2004；袁春生和杨淑娥，2006；叶蓓，2008）。本书也从这一视角来定义投资效率。因此，本书界定的投资效率为：企业实际投资与实现企业价值最大化投资之间的拟合程度，即企业实际投资与企业预期最优投资的差额越小，说明企业投资效率越高；反之则越低。

1.3 研究思路、内容与方法

本书的研究将分析盈余的时间序列特征，并观察历史盈余的分解是否提供了有助于对未来盈余预测的信息。在我国，各利益相关主体对上市公司的会计盈余持续性信息是否敏感？证监会再发行门槛是否真正有效地鉴别了再融资项目，减轻了“逆向选择”程度？增发配股门槛是否能够筛选出曾经盈余持续性好的公司。设置增发配股门槛是否合理，增发配股是否真正起到了资源优化配置的作用。究竟这些政策有没有达到预期的目的，能否对企业融资行为和融资效率产生积极的影响。通过门槛筛选的公司质量是否有所提高，能否限制实际经营能力差的大多数公司的“圈钱”行为，保护投资者利益和稳定股票市场。再融资门槛对选择上市公司和保护投资者利益是否有效。本书拟从上市公司进行增发配股后的市场反应来研究设置再发行门槛的合理性问题。本书研究思路，如图1－1所示。

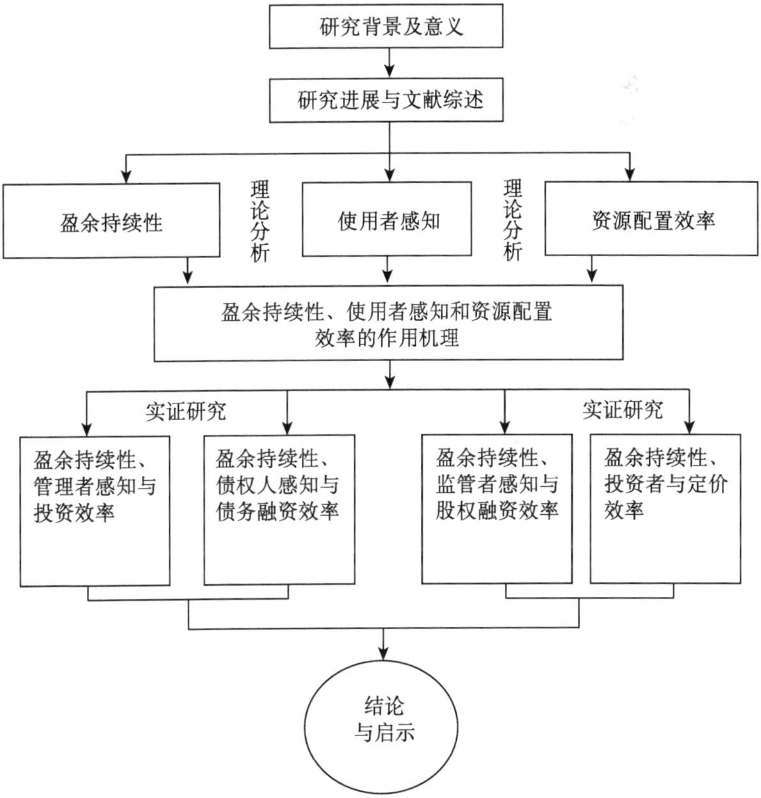

图1－1 研究思路

证券市场中的投资者进行投资决策是否考虑了上市公司对外提供的财务报告所反映的盈余持续性信息。投资者是机械地利用公司盈余信息，被公司内部人使用会计操控权调整后的盈余信息所误导，还是能够有效识别盈余信息持续性的差异，从而对发行公司正确定价？这些问题仍然没有得到深入的研究与考察。本书的目的在于进一步考察市场在能够对会计盈余做出价格反应的同时，能否对会计盈余中不同性质的成分加以区别而不是锁定于公司会计盈余的账面数字上。我们将研究资本市场是否对盈余持续性信息予以充分反映。全面地考察盈余持续性与股权再融资（SEO）抑价的关系，试图为财务会计信息在 SEO 定价中的使用情况和效果提供更加稳健的经验证据。二级市场在对发行公司定价时是否考虑了其盈余持续性，投资者是否能够在一定程度上识别发行公司的盈余持续性，在平均意义上给予盈余持续性较差的公司一个折价，从而表现出更低的 SEO 抑价。

但是，门槛筛选出来的只是曾经“绩优”的公司，它并无法替代再融资项目的未来信息。而一个历史“绩优”的公司，并不能保证它上报的融资项目也一定“绩优”。所以，证监会通过历史经营信息是否真正有效地鉴别了再融资项目，减轻了“逆向选择”程度？这就是本书所要讨论的核心问题。设置增发配股门槛是否合理，首先看增发配股门槛设置以来的上市公司再融资项目是否具有一定的好项目特征，或者说增发配股是否真正起到了资源优化配置的作用。本书从上市公司进行增发配股后市场表现的变化来研究增发配股资金的利用效率情况。因此，本书一方面从增发与配股后的市场表现情况，来研究设置再发行门槛的合理性问题。

在使用单一方程估计法时，由于忽略了各方程之间的联系，故不如将所有方程作为一个整体进行估计更有效率。对于一个多方程系统，如果方程中包含内生解释变量，则对每个方程进行二阶段最小二乘法估计是一致的；但却不是最有效率的，因为单一方程二阶段最小二乘法忽略了不同方程的扰动项之间可能存在相关性。此时，用三阶段最小二乘法对整个联立方程系统同时进行估计是最有效的。

1.4 研究创新与改进方向

与国内外的相关研究相比，本书的特色和创新在于：

（1）国内关于盈余持续性研究数量较少，并且大多采用影响盈余因素的基本面分析。主要采用基本面分析法，也即通过基本面分析，识别出包含在净利润数据中的永久盈余成分，并以永久盈余占会计盈余的比重来度量盈余的持续性。而本书用时间序列模型计算盈余持续性，预期盈利由一个时间序列预测模型得出。现有的文献表明，国内还没有学者运用时间序列模型来度量上市公司盈余持续性。在我国这一方面的实证研究并未出现，因此，借鉴西方成熟的研究方法对此进行研究，十分必要。

（2）本书在研究盈余持续性对资源配置效率的影响时，综合考虑了信息使用者感知的因素，这是相关研究中比较少见的。在使用者感知的度量方面，由于信息使用者的范围较为宽泛，我们主要从管理者、债权人、监管者、投资者四个主体进行研究，其中管理者感知使用管理层盈余预测误差度量；债权人感知使用债务违约预测风险度量；监管者感知使用股权再融资审批度量；投资者感知使用分析师盈余预测误差度量。

（3）与 Chen 和 Yuan（2004），Haw 等（2005）不同的是，本书从盈余持续性的角度研究企业的资源配置效率，考察企业盈余质量的经济后果。在我国这一方面的实证研究并未出现，并且主要从盈余管理角度进行实证研究，本书为研究资源配置效率提供了一个新的视角，一定程度上丰富了该领域的研究成果。

总地来说，本研究的特色和创新在于追求视角、内容和方法的新颖性，以此填充我国资本市场理论和财务会计理论在该领域的研究不足，为资本市场领域的理论研究和实证检验提供可资参考的研究范式，设计并提出完善我国股权再融资监管的政策措施。

第2章 文献评述

2.1　盈余持续性的研究

2.1.1　文章综述

（1）盈余持续性的影响因素

主要讨论两个问题：通过建模研究当期盈余的变量对未来盈余的增量解释能力；证实盈余各组成部分的预测能力对盈余持续性的决定作用。

在权责发生制会计下，会计盈余实际上由现金流量和应计利润两部分构成，它们的持续性决定了会计盈余总的持续性。一般来说现金流量的持续性应高于应计利润的持续性，主要是因为应计利润包含了更高程度的会计人员主观判断以及更广的会计政策选择空间，公司对现金流量进行操纵的困难程度高于应计利润，因此，包含应计利润成分较多的会计盈余的持续性较低。作为盈余的重要组成部分，各种形式的应计利润是被广泛研究的盈余决定持续性的因素。Sloan（1996）发现盈余的应计部分的持续性比现金流量部分的持续性差。他所定义的应计项目是非现金营运资本应计项目加上折旧。Richardson 等（2005）使用一种更全面方法度量应计利润（直观地讲，应计利润是非现金营运资本变动、非流动性经营资产变动和净金融资产变动三部分之和），并表明按这种方式度量的“总应计项目”的持续性小于现金流量的持续性。

一些研究使用类似的方法，进一步将应计项目分解为不同的组成部分，以此评估它们对未来盈余的可预测性。Lev 和 Thiagarajan（1993）、Abarbanell 和 Bushee（1997）研究了存货和应收账款。作为衡量应计盈余质量的指标，存货与未来 EPS 的变化（Abarbanell 和 Bushee，1997）及同期回报（Lev 和 Thiagarajan，1993）显著负相关。而关于应收账款的研究没有获得一致的结论。Lev 和 Thiagarajan（1993）发现异常应收款项（应收账款减去销售额的变化）和同期回报之间存在负相关关系，他们认为该结果说明，比例失衡的 A / R 变化揭示了公司在销售产品、相关的授信和过早确认收入方面陷入困境。然而，Abarbanell 和 Bushee（1997）意外发现异常应收款和前一年的盈余变化之间的正相关关系，他们认为该结果说明，应收款的增长应归因于销售额的增长，而不是可靠性或客户授信问题。上述研究冲突的结果需要未来进一步的研究来解释。

Dechow 和 Ge（2006）认为大额负向的应计项目的持续性小于现金流量，因为大额负向的应计项目往往反映了冲销和减值费用，可以“调整”资产负债表（另见 Fairfield 等，1996）。这些研究表明，应计低的企业其特殊项目的比例高，这些非经常性费用在降低公司盈余持续性方面发挥了重要作用。Nissim 和 Penman（2001）也认为非经常性项目影响了盈余持续性。

一些研究者认为现金流量的来源和用途也影响盈余的持续性。Dechow 等（2008）表明，留存现金流量对盈余持续性的影响与应计项目非常相似。与付款或股票发行有关的现金流量部分是现金流量比应计项目持续性更好的主要驱动力。Nissim 和 Penman（2001）将资产回报率（ROA）分解为经营杠杆和财务杠杆两个部分。他们认为经营杠杆的增加可能会抑制当期盈余，但可能带来未来盈余的提升。然而，财务杠杆的增加对未来盈余往往有增量的负面影响（在用股权价值调整规模效应之后）。

Fairfield 等（2003）认为在实务中广泛存在的稳健主义会计方法再加上公司投资的增长状况造成了盈余应计成分的低持续性。应计会计出于稳健性原则，以权责发生制为基础对各项权利和义务进行确认，它并不对现金流量的绝对数造成影响，而是转移或调整了现金流的确认时间。应计会计的稳健主义做法使得当前盈余和当前现金流量均成了未来现金流量的有偏估计量，从而扭曲了企业未来可能产生的经营现金流量情况。因此，即使是处于完全竞争均衡状态下的企业，其当前盈余的持续性也会降低。这种假设被称为"永久会计歪曲"，因为一旦采取稳健主义会计方法，其影响将一直持续下去。固定资产对盈余持续性的影响和营运资金的应计项目十分相似。然而，固定资产的度量本身就是权责发生制会计制度的产物，这个变量的增长同时反映了会计计量的问题（Zhang，2007）。

一些研究认为增长的低持续性会影响盈余持续性。Palepu 等（2000）认为，增长增加了其经营环境的不确定性，突然的增长加速和减速都会导致管理者的会计估计出现误差，并伴随着重新调整，他们会通过盈余管理行为对盈余进行平滑，从而影响盈余的持续性。Richardson 等（2005）进一步研究了增长性问题。他们将净经营资产（总应计项目）的变化分解成增长部分（用销售增长表示）和效率部分（净经营资产周转率）以及它们的交互作用。效率部分和增长部分的下降均带来应计部分持续性的下降。即使他们的研究表明增长并不能完整解释应计项目较低的持续性，将销售增长作为增长的代理变量仍然受到一些研究者的质疑，批评者指出销售增长本身是权责发生制会计制度的产物。

研究人员还试图直接检验管理层的预测误差（会影响应计的大小）及其随后的校正是否会影响盈余持续性。Dechow 和 Dichev（2002）认为盈余应计成分的低持续性来源于应计的暂时性估计误差，他们采用一种基于应计模型的应计质量度量方法，把应计项目看做过去、现在和未来现金流量的函数。在控制应计项目不变的情况下，盈余持续性与 Dechow 和 Dichev（2002）的应计质量指标成负相关。相反，在控制应计质量指标不变的情况下，持续性和应计大小之间的关系会弱很多。

表 2－1　　盈余各组成部分的分解方法

文章来源	分解方法
Sloan（1996）	$Accruals = (\Delta CA - \Delta Cash) - (\Delta CL - \Delta STD - \Delta TP) - Dep$ Accruals = 应计利润；ΔCA = 流动资产变动；ΔCash = 现金变动； ΔCL = 流动负债变动；ΔSTD = 债务变动； ΔTP = 应付所得税变动；Dep = 折旧及摊销费用
Xie（2001）	$EARN_{t+1} = \gamma_0 + \gamma_1 CFO_t + \gamma_2 NAC_t + \gamma_3 ABNAC_t + \nu_{t+1}$ EARN = 扣除特殊项目前收入；CFO = 经营现金流；NAC = 正常应计利润；ABNAC = 异常应计利润

续表

文章来源	分解方法
Richardson 等（2005）	$Accruals = \Delta WC + \Delta NCO + \Delta FIN$ Accruals = 应计利润；ΔWC 非现金营运资本变动；ΔNCO = 非流动性经营资产变动；ΔFIN = 净金融资产变动
Dechow 等（2008）	$INCOME = ACCRUALS + \Delta CASH + DIST\_EQ + DIST\_D$ INCOME = 净利润；ACCRUALS = 应计利润；ΔCASH = 现金及短期投资变动；DIST_ EQ = 分配给股票持有人的净现金；DIST_D = 分配给债券持有人的无息净现金
Dechow 和 Dichev（2002）	$Accruals_t = A_{CF_{t+1/t}}{}^{O} + A_{CF_{t/t-1}}{}^{C} + A_{CF_{t/t+1}}{}^{O} + A_{CF_{t-1/t}}{}^{C} = CF_{t+1}{}^{t} + \varepsilon_{t+1}{}^{t} - CF_t{}^{t-1} - \varepsilon_t{}^{t-1} - CF_t{}^{t+1} + CF_{t-1}{}^{t}$ Accruals = 应计利润；CF_t^{t-1} = 在 t 期回收或支付而计入 t－1 期的现金；CF_t^t = 当期净现金流；CF_t^{t+1} = 递延至 t＋1 期的净现金流；$A_{CF_{t+1/t}}{}^{O}$ = 在 t＋1 期回收或支付而计入 t 期的利润——与相关现金流符号一致；$A_{CF_{t/t-1}}{}^{C}$ = 在 t 期回收或支付而计入 t－1 期的利润——与相关现金流符号相反；$A_{CF_{t/t+1}}{}^{O}$ = 递延至 t＋1 期确认的现金流——与相关现金流符号相反；$A_{CF_{t-1/t}}{}^{C}$ = 递延至 t 期确认的现金流——与相关现金流符号一致

Xie（2001）在 Sloan（1996）的研究基础上，使用琼斯模型，将应计利润分解成正常和异常的部分。Xie（2001）认为 Sloan 的“应计异象”主要是由于管理层可以操纵的超额应计造成的，异常的部分可能包含更多的测量误差和管理层的随意性。他发现盈余持续性和现金流量、非可操纵性应计利润及可操纵性应计利润的相关系数分别是 0.73、0.7 和 0.57。这一结果表明，在考虑了可靠性和计量有关的问题之后，可操纵性应计利润是当期盈余的 3 项组成项目中持续性最低的。Richardson 等（2005）

发展了一种关于可靠性的模型，认为经营性资产和负债的计量比金融资产和负债的计量更不可靠。与他们的预测一致，研究发现，营运资本应计的可靠性最低，与金融资产和负债相关的应计项目的可靠性最高，长期的经营性应计的可靠性介于两者之间。从广义上讲，他们发现事前可靠性排名和资产收益率（ROA）之间的正相关关系。见表2－1。

（2）盈余持续性差异的外部动因

萨班斯法案下的内部控制违规是测量误差和会计制度问题的征兆。Doyle等（2007）发现在2002—2005年期间，披露其存在重大缺陷的公司，盈余持续性较差。最后，Wang（2006）发现创始家族的所有权和应计质量及盈余持续性的代理变量之间的正相关关系。

值得注意的是，未来盈余的可预见性在很大程度上由公司经营的业务决定，因而也有少量研究根据这种思路检验了影响盈余持续性的因素。Lev（1983）将持续性与公司类型相联系，把行业竞争、资本密集程度、企业规模等变量作为经营过程不确定性的代理变量。Baginski等（1999）发现Lev（1983）所说的关系在使用低阶时间序列模型度量持续性时较弱，而在使用高阶差分模型时较强。当采用低阶的ARIMA模型产生盈余持续性计量指标时，衡量盈余持续性以及决定因素的回归方程在调整后判定系数低；而当采用高阶模型来计量时，调整后判定系数显著上升，并且回归方程中的独立变量即经济决定因素的符号都与经济原理所预计的相同。许多研究发现，产品差异化的公司（以高利润和低周转率为标志）比成本领先战略的公司（以低利润和高周转率为标志）盈余持续性更好。Nissim和Penman（2001），Fairfield、Yohn（2001）和Soliman（2008）研究结果表明，企业通过技术垄断制造进入壁垒并以较低的成本出售产品，相对于创造满足消费者欲望的独特产品，更可能获得持续的盈余。然而，成本领先的益处也很可能受到多重因素的影响。

(3) 盈余持续性的市场反应

有些研究将盈余持续性与其他经济（会计）现象相联系，比如公司的持续经营状况、经理薪酬、内幕交易、研发密集度、投资者保护、所有权集中度、税会差异、年度报告可读性。绝大多数关于持续性经济后果的文章研究证券市场的经济后果。也有小部分文章讨论非证券市场的经济后果。

①证券市场反应。研究人员假设了盈余持续性在证券市场中两种截然不同的经济后果。

第一个预测是持久盈余将带来较高的证券市场估值，因此，对盈余持续性估计的增加，将会带来正的股票市场回报。Beaver (1968) 认为会计盈余信息能够改变投资者对公司未来盈余和未来股利支付能力的估计的概率分布，进而对股价的变动产生影响。他在研究中发现：会计盈余公布当周非正常报酬率的方差是前后 8 周的相应方差的平均值的 1.67 倍。这说明会计盈余的披露向市场传递了决策相关信息。Komendi 和 Lipe (1987)，Collins 和 Kothari (1989)，Easton 和 Zmijewski (1989) 早期的研究为此提供了经验证据，公司盈余的持续性越强，市场对该公司的股价的反应就会越强烈。在信息观下（以有效市场为前提），投资者对不同持续性的会计盈余会区别对待，即在其他条件相同的情况下，公司盈余的持续性越强，市场对该公司的股价的反应就会越强烈。Penman (1992) 认为股票价格随会计盈余而变化的关系与盈余的持续性有关，持久性的盈余变化比暂时性的变化对股票价格有更大的影响。这说明，如果市场是理性的（满足有效市场假说），投资者就可以鉴别出持久性的盈余变化和暂时性的盈余变化，并对持久性的变化有更剧烈的反应。

然而，随后关于应计异象的研究表明，投资者不能正确解读现金流量和应计部分对未来盈余的影响，造成错误定价（Richardson 等，2009）。Sloan（1996）发现一个买入现金利润高的企业的股票，卖空应计利润高的企业的股票的对冲策略在未来一年可以取得超过 12% 的超额投资回报。后续的研究试图解释该对冲策略的超额回报：投资者误读异常应计项目（Xie，2001）；投资者误读应计的误差或可靠性（Richardson 等，2005；Hirshleifer 和 Teoh，2003）；投资者误读应计所反映的成长性（Desai 等，2004；Fairfield 等，2003 和 Zhang，2007）；预期回报的计量错误或其他研究设计问题（Khan，2008；Kraft 等，2006）。

研究人员检验了应计持续性的市场反应是否会受投资者信息处理能力或外部信息可用性变化的影响。Louis 和 Robinson（2005）发现，股票分割公告增加了应计项目的可靠性。Levi（2008）认为，那些延迟应计信息发布至 10 - Q 季度报告和在新闻稿中没有现金流量和资产负债表信息的公司存在应计异象。Collins 等（2003）发现机构投资者在一定程度上可以识别出应计的持续能力，机构投资者比例高和设置了活跃机构交易者最低门槛限制的公司，股票价格能够更准确地反映应计持续性。Collins 等（2003）表明，成熟的投资者理解应计质量的差异。尽管人们认为应计利润高的公司的盈余持续性和未来回报较低。但是，Richardson（2003）的证据表明，卖空者进行交易时，并没有利用应计项目所导致盈余持续性方面的信息。Richardson 等（2005）进一步拓展了 Sloan（1996）的研究，通过把应计项目可靠性与盈余持续性相联系，设立了一个理论模型，检验出：低的“应计盈余项目可靠性”导致低的盈余持续性。并且建立了一个新式的资产负债分类表，依据应计项目可靠程度分类。实证结果表明：低应计项目可靠性导致低盈余持续性，并且投资者并不能完全预期盈余持续性的高低，由此导致了显著的证券误导价格。Richardson（2003）没有发现投资者卖空高应计公司的证据，可能是因为他的样本期间为 1990 至 1998 年，在 Sloan（1996）那篇著名文章之前，当时应计异象还没有广为人知。

研究人员还研究了投资者对非费用化资本化投资（如 R&D 支出）的反应，因为这些决定将会对未来收益产生不同的影响。结果表明，虽然投资者把 R&D 支出看作一项资产，但他们并不能正确解读投资在未来收益的 R&D 支出的内涵，从而准确地对其定价（Lev 和 Sougiannis，1996 和 Penman 和 Zhang，2002）。类似的还有租赁等资产负债表项目，投资者对其定价的时候没有完全考虑它们对未来盈余的影响（Ge，2007）。这些研究表明，投资者能够对由于投资项目不同的会计处理方法所带来的盈余可预测性变化做出反应。

由于冲销项目的暂时性降低了盈余的持续性，亦有广泛的研究检验了冲销项目的内涵（例如：大额负的特殊项目）。Bartov 等（1998）总结归纳了 1998 年以来冲销项目相关文献的研究发现，早期的研究证实了股票市场对特殊项目公告呈现负向的反应，但是这种反应很微弱（在 1% 左右），如果冲销项目涉及债务重组或经营性的变化，公告期间的股票回报为正。Bartov 等（1998）质疑上述公告日微弱的股票价格反应，他们检验了在 1984 年和 1985 年间 317 个冲销项目的样本。在使用了多种方法调整风险后发现，在冲销公告之后的两年，仍然存在 -21% 的年异常回报率。如前所述，Dechow 和 Ge（2006）发现公司由于特殊项目导致大额负向的应计项目，而未来股票回报为正，这表明投资者高估了这些应计项目。

许多研究还检验了特定行业亏损应计项目的经济后果。Beaver 和 Engel（1996）发现，银行运用贷款损失准备来进行盈余管理以达到监管当局的监管要求，银行贷款损失准备的正常组成部分价格被低估，而异常组成部分价格逐渐被高估。股票回报与非操控性贷款损失准备呈负相关关系，与操控性贷款损失准备呈正相关关系。他们认为："……对证券价格正向的影响，归因于随意性行为改变了市场对其预期净效益的评估，或传达了管理层对于银行未来盈利能力的信心。" Beaver 和 McNichols（2001）发现，即使投资者依照 Sloan（1996）的方法，对其他应计项目错误定价，也不妨碍他们正确定价损失准备。他们的研究表明，P&C 保险人损失准备的充分披露，可以帮助投资者估计这部分应计项目的持续性和价值内涵。最后，Francis 等（2005）发现，盈余持续性好的公司的债务和股权资本成本较低。

Lee（1995）在一个股价和股利序列的二元模型中探究了股票价格对持久性的和暂时性的股利冲击的反应。股利序列被构造为一个持久性部分和一个暂时性部分的加总，这两部分通过股利贴现模型与股票价格联系在一起。股票市场不仅对持久性的股利冲击反应激烈，对暂时性的股利冲击也有剧烈反应。另外，股票价格对暂时性股利冲击的初始反应与对持久性冲击的初始反应一样强烈，因此，股票价格的大部分波动是由暂时性的股利冲击引起的。这说明投资者还不能清晰地识别股利的两个部分，因此对于暂时性的股利冲击，投资者会做出过度反应。

国内关于此方面的研究起步较晚。赵宇龙和王志台（1999）在对中国证券市场"功能锁定"现象的实证研究中认为，市场对会计盈余信息的功能锁定体现为投资者只注意到名义的盈余数字，而对会计盈余的质量没有应有的关注，对具有相同会计盈余但盈余质量不同的公司的股票不能区别定价。文章以 1997—1998 年在上海证券交易所上市的 123 家上市公司为研究对象，将公司会计盈余分解为永久盈余和暂时盈余，考察市场能否解析上市公司会计盈余中的永久盈余成分，进而探查我国证券市场是否存在“功能锁定”现象并分析其形成机制。研究结果表明，在未预期收益相同的情况下，市场对主营业务利润比重有显著差异的两类股票没有区别反应，且市场对股票的定价并不是以体现公司真正业绩的永久盈余为基础，而是仅仅锁定于公司的名义会计收益。

王志台（2000）在其他研究证明了中国上市公司的会计盈余具有信息含量的基础上，选择了影响会计盈余质量诸因素中的一个方面——会计盈余的持续性作为研究的出发点，以在上海证券交易所上市的股票为研究对象，用主营业务利润作为公司永久性盈余的表征变量，研究结果表明我国的证券市场并没有区别对待不同持续性的会计盈余，未能区别永久盈余和暂时盈余的不同经济意义，投资者还不能辨别不同质量的盈余项目，投资者的投资决策还不是十分理性。

彭韶兵和黄益建（2007）以 2001—2004 年沪深股市上市公司为样本，考察了会计信息的可靠性与盈余持续性。他们研究发现：更可靠的会计信息具有更高的盈余自相关系数和股票回报，即会计信息可靠性与盈余持续性正相关。该研究说明了从盈余自相关角度看，更可靠的会计信息具有更强的盈余持续性；从股票回报角度看，市场符合“幼稚投资者”假说，存在利润“功能锁定”现象，市场不能充分理解会计信息可靠性与盈余相关性的关系，对会计信息可靠性给出了异常定价。

②非证券市场的经济后果。两篇文章检验了盈余持续性的薪酬决策作用。Baber 等（1998）发现薪酬对盈余的敏感性系随着盈余持续性而不同，盈余中较为持续的项目在薪酬公式中会被赋予较重的权数，盈余持续性增加了未预期盈余和薪酬各个组成部分的年度变化之间的正相关关系。Nwaeze 等（2006）发现，盈

余持续低的企业，薪酬更多的依赖现金流量，现金流量在报酬契约中的作用超过了会计利润。两篇文章试图区分与会计计量方式相关的持续性和公司基本面驱动的持续性。Nwaeze 等（2006）衡量了相对于现金流量持续性的盈余持续性。Baber 等（1998）在此模型中引入股票回报。

关于其他经济后果的研究证据较为有限。Bradshaw 等（2001）证实了卖方分析师并不能完全预测高应计公司可预测的未来盈余的下降，他们发现经营性应计额与非标准意见成负相关，经营性应计额高的公司，当年收到标准意见的可能性反而更大。此外，高应计企业更容易获得保留审计意见或更换审计师。Bradshaw 等（2001）证实了高应计公司确实未来盈余出现了下滑。因此，他们解释这是因为分析师及审计师没有对应计高的企业的盈余质量问题引起足够的重视。Bhojraj 和 Swaminathan（2007）发现，债券投资者与证券投资者一样，错误定价高应计和低应计企业的价值。

③其他持续性的相关研究。Li（2008）证实了财务报告可读性强的公司盈余更持久。Li 没有回答这种因果关系，并指出对此关系的解释超出了文章的研究范围。这是一个有趣的问题，不断发展的文本分析软件可以帮助我们解决这个问题。研究人员还调查了管理指导和盈余可持续性的作用。结果表明，盈余波动比较大的企业的经理层更不太可能提供管理指导（Verrecchia，1990，Waymire，1985，和 Tucker，2006）。

（4）小结

①恰当地度量盈余持续性。尽管盈余持续性方面的研究有 30 多年的历史，研究人员也开发出盈余持续性的多种度量方法，但每种方法都有各自的优缺点。目前国内关于盈余持续性研究数量较少，主要通过基本面分析识别出包含在净利润数据中的永久

盈余成分，并以永久盈余占会计盈余的比重来度量盈余的持续性。利用财务报表信息进行基本面分析，其理论基础较薄弱。现有的文献表明，国内还没有学者运用时间序列模型来度量上市公司盈余持续性。由时间序列预测模型得出盈余持续性的度量指标，至少需要用 16 个季度的盈利数据。中国上市公司整个股市已有十多年的发展历史，能为研究提供所需的现实数据做实证分析，因此借鉴西方成熟的研究方法对此进行研究，用时间序列模型计算盈余持续性十分必要。

②恰当地区分盈余中的永久性、暂时性部分。会计对象的经济本质和现有的会计规则使得盈余及其不同组成部分具有不同的持续性。永久性、暂时性和价格无关的盈余项目，或者应计项目和现金流量，盈余反应系数各不相同，它们对公司价值具有差异化的标识作用。尽管当前多步式的利润表区分了一些具有暂时性的盈余项目，但对盈余其他组成部分是否可持续仍然区分不清晰。将不同持续性水平的项目混合在一起，削弱了盈余预测未来业绩的能力。因此，开展相关研究时需要适当地区分永久性盈余和暂时性盈余。

③多角度地探讨盈余持续性。我国当前研究盈余持续性的视角还较少，无法更好地解读盈余持续性与更多经济、会计现象之间的联系，应当多方位地探讨盈余持续性有关问题。例如，内部控制管制是否能够改善盈余持续性以及资本市场反应如何，会计谨慎性如何以盈余持续性为桥梁影响权益估价，应计项目和现金流量在预测未来盈余的能力与本身持续性方面的特征如何影响公司估价，盈余持续性如何影响高管薪酬，公司治理结构如何影响盈余持续性等。

2.1.2 度量方法

由于国外很多学者对盈余可持续性的度量主要分为两类：时间序列模型分析法和基本分析法。盈余的持续性也被认为是盈余质量的一种时间序列计量，因此时间序列模型可以用于检验盈余持续性。采用若干年净利润指标，或剔除非经常性损益的净利润指标的变异系数来验证。可以是简单、直观的前后期比较，也可以借助统计分析软件进行回归分析或通过回归残差的大小来分析。早期的研究着眼于从盈余时间序列中估计持续性参数。会计研究人员运用了各种统计方法来解释盈余的时间序列性态。常用的时间序列模型包括以下几种：随机游走模型、自我回归模型（ARModel）、移动平均模型（MAModel）、自我回归移动平均合成模型（ARMAModel）以及自我回归整合移动平均模型（ARIMAModel）。在运用 ARIMA 模型估计盈余持续性时有的采用较简单的低阶模型进行计量，如 Easton 和 Zmijewski（1989）、Francis 等（2004）采用（2，0，0）ARIMA 模型；有的采用较为复杂的高阶模型，如 Lipe 和 Kormendi（1994）采用（4，1，0）ARIMA 模型。在 1996 年前，以 Miller 和 Rock（1985）、Kormendi 和 Lipe（1987）所倡导的 ARIMA（p，d，q）模型影响最大。

Miller 和 Rock（1985）将盈余持续性定义为当期未预期盈余对未来盈余产生影响的程度。在假定未预期盈余服从 MA（1）过程的两期模型中，Miller 和 Rock（1985）将 MA（1）的参数 γ 称为持续性系数。模型可表示为：

$$(E_1X_1 - E_0X_1) + \beta(E_1X_2 - E_0X_2) = (1 + \beta\gamma)UX_1 \qquad (2-1)$$

这里，X 表示盈余，UX 表示未预期盈余，下标 1 和 2 表示期间 1 和 2，E_0（E_1）表示根据期间 0（1）及之前的信息所形成的预期，β 为折现因子。

Kormendi 和 Lipe（1987）发展了 Miller 和 Rock（1985）关于盈余持续性的定义，将盈余持续性定义为当期未预期盈余造成未来盈余变动的现值，并将影响期扩展至多期。假定盈余变动服从 AR（i）过程。假定盈余遵循 ARIMA 模型，盈余持续性（PER）就是自回归参数和移动平均参数的一个函数。从经典的现金流量折现计价模型出发，Kormendi 和 Lipe（1987）推导出盈余持续性系数 PER：

$$PER = \sum_{k=1}^{\infty}\left(\frac{1}{1+r}\right)^{k}\psi_{k} = \frac{1-\sum_{s=1}^{q}\left(\frac{1}{1+r}\right)^{s}\theta_{s}}{\left(\frac{r}{1+r}\right)^{d}\left[1-\sum_{i=1}^{p}\left(\frac{1}{1+r}\right)^{i}b_{i}\right]} - 1 \tag{2-2}$$

其中，p 为自回归阶数，d 为差分阶数，q 为移动平均阶数。r 是未来预期盈余的折现率；b_i 为时间序列参数；θ_s 是 s 阶移动平均参数。PER 是盈余时间序列参数和折现率的函数。自回归参数 b_i 越大，意味着移动平均参数 θ_s 也越大，PER 也越大。估算 b_i 的常见模型为：

$$\Delta X_t = k + \sum_{i=1}^{p} b_i \Delta X_{t-i} + UX_t \tag{2-3}$$

如果盈余遵循纯粹的白噪音过程，那么 $X_t = UX_t$（X_t 为每股收益，UX_t 为未预期每股收益），此时对于所有的 $s \geq 1$，$\theta_s = 0$。在这种情形下，当期的盈余创新都完全是暂时性的，PER = 0；如果盈余遵循随机游走过程，那么 $X_t - X_{t-1} = UX_t$，此时对于所有的 $s \geq 0$，$\theta_s = 1$，也即 1 货币单位的当期盈余创新将引发所有未来期间的预期盈余修正 1 货币单位。在这种情形下，当期的盈余创新都完全是永久性的，PER = 1/r。因此，PER 包含了以上两种极端情形以及任何一种中间状态。

Easton 和 Zmijewski（1989）采用“修正系数（Revision

Parameter)”表示当期未预期盈余对未来盈余预测的影响程度，并使用与 Kormendi 和 Lipe（1987）类似的方法求出估计值。这里的“修正系数”实际上是 Miller 和 Rock（1985）的持续性系数，所不同的是 Easton 和 Zmijewski（1989）是使用盈余预测的变动对该系数进行估计。

Collins 和 Kothari（1989）总结了基于时间序列数据估计盈余持续性的盈余过程假定、当期未预期盈余对第 K 期的影响、盈余持续性系数。

不同 ARIMA 盈余过程的持续性因子见表 2-2。

表 2-2　不同 ARIMA 盈余过程的持续性因子

盈余过程	未来 k 期的持续性因子① $\Delta E_t(X_{t+k})=\psi_k a_t$	所有 k 期 $\Delta E_t(X_{t+k})$ 的现值之和，折现率为 r
ARIMA（0，1，0） 随机游走	$1\cdot a_t$	$\left(\frac{1}{r}\right)a_t$
ARIMA（0，0，1） Miller 和 Rock（1985）	$-\theta\cdot a_t,k=1$ $0_t,k>1$	$\left[\frac{-\theta}{1+r}\right]a_t$
ARIMA（0，1，1） Beaver 等.（1980）	$(1-\theta)a_t$	$\left(\frac{1-\theta}{r}\right)a_t$
ARIMA（1，0，0） Easton 和 Zmijewski（1989）	$\phi^k\cdot a_t$	$\left(\frac{\phi}{1+r-\phi}\right)a_t$
ARIMA（2，1，0） Kormendi 和 Lipe（1987）	$\psi_1=(1+\phi_1)a_t,k=1$ $\psi_2=[(1+\phi_1)\psi_1+(\phi_2-\phi_1)]a_t,k=2$ $\psi_3=[(1+\phi_1)\psi_2+(\phi_2-\phi_1)\psi_1-\phi_2]a_t,k=3$ $\psi_k=[(1+\phi_1)\psi_{k-1}+(\phi_2-\phi_1)\psi_{k-2}-\phi_2\psi_{k-3}]a_t,k>3$	$\left[\frac{(1+r)/r}{1-\phi_1/(1+r)-\phi_2/(1+r)^2}-1\right]a_t$

① $\alpha_t=X_t-E_{t-1}(X_t)$

上述研究着眼于从盈余的时间序列中估计持续性参数，在概念上较好地表征和计量了盈余持续性，盈余时间序列特征具有较好的数理基础和理论支撑。但这种方法只利用盈余时间序列自身的序列特征，并未使用其他相关的财务和非财务信息。如果决定未来盈余的信息集来识别持续性，由于信息集的变化，持续性也随之发生变化，因而参数化方法中隐含的平稳性假定是不适当的。而多数公司只有一些年度盈余观测值，使用较长的时间序列导致了生存偏差。Penman（1992）指出，将盈余持续性作为盈余时间序列参数的方法令人质疑其环境有效性（Context Validity）。

Lev 和 Thiagarajan（1993）通过定义若干财务变量进行综合度量发现，基于时间序列模型求得的盈余持续性的取值并不能很好地代表盈余持续性，因为它是基于长期不稳定的盈余得出的。Cheng 等（1996）用两种方法度量盈余持续性：（1）盈余的变化除以年初股价，值越大盈余持续性越低；（2）每股收益除以股价，值很大或很小意味着盈余持续性较低。

2.2 使用者感知的研究

国外学术界对企业会计信息评价鉴定的研究文献有两类。

第一类：委托代理模型下，会计信息质量评价标准和会计信息价值决定因素研究。这类文献是借用信息经济学中的博弈论分析方法，一般是在“受托责任观”会计目标下，在一系列的假设下（例如，委托人风险偏好属于中性，而代理人属于风险回避型），建立数学模型来研究委托人利益最大化情况下会计信息系统的选择问题。在模型中，会计信息系统（反映的结果）和公司的价值增量一般都被量化为代理人努力水平的概率分布函数。代理人的报酬是会计信息系统的函数（即根据会计信息系统反映的结果来给代理人支付报酬）。而代理人的效用则是由代理人得到的报酬和支付的成本（是代理人努力水平的指数函数）来决定。然后，在满足激励相容约束（incentive compatible constrain）和参与约束（participation constrain）的条件下，探讨会计信息分布函数应该具备何种特征，才能够使得委托人利益得到更好的满足。而这时会计信息分布函数表现出来的特征，也就成为会计信息价值大小的评价标准或者是决定要素。

第二类：对会计信息质量某方面特征的评价。与第一类整体抽象的“会计信息价值”研究不同，这类研究往往是就会计信息质量的某一侧面，例如“相关性”“可比性”“及时性”等进行评价。最多的是关于“相关性”和“披露质量”的评价。这类研究一般是采用证券市场数据进行统计分析。

“相关性”评价：涉及相关性计量问题的文章较多，一般方法就是用会计类指标和市场类指标进行相关性统计分析。会计类指标包括损益表指标（一般是利润或 EPS）、资产负债表指标（一般是账面价值）、混合类指标（ROE、EVA）。市场类指标包括市值、MVA（股东价值增值，Market Value Added）、超额股东回报 TSR、单支股票溢价率超过指数股票溢价率、托宾 Q 等。

“盈余质量”评价：盈余质量评价相当程度上是盈余的相关性评价。尽管出现了盈余的平滑（smoothing）、持久性（persistence）等方面的属性描述。但是，决定盈余质量关键的依旧是相关性。

“披露质量”评价：Walter 和 Kenneth（1986）针对政府财务报告，提供了一个综合的披露质量评价体系。评价的步骤如下：首先，选择政府财务报告中的 27 个重要的披露项目，例如：实际支出与预算的比较、雇员养老金计划的会计政策说明、审计报告、注册会计师、收入类别说明等。重要披露项目的选择标准是：是否政府债券评级分析机构分析师经常会关注，以及是否对所有的政府报告都适用等。其次，向 200 多名政府债券分析师发出调查问卷，请他们给选定的 27 个披露项目的重要性排序，根据调查结果，采用一定的统计手段，确定出 27 个项目的评价权重。再次，对政府财务报告的 27 个披露项目分别打分。根据披露项目性质，打分的标准也有差别，有些项目仅是看“有”和“无”，有披露就是满分，无披露就是零分；有些项目要看披露的“量”（根据字数来判断）；有些项目既要看“量”，又要看“质”。最后，根据每个项目得分及其权重，计算出财务报告披露质量的总得分。

近年来，国内学术界对企业会计信息质量评价鉴定的研究主要是从如何定量分析的角度来展开。聂顺江（2003）提出，基于会计信息使用的质量标准可以考虑用“会计信息利用程度系数”来制定；基于会计信息提供的质量标准可以考虑使用“会计信息有用程度系数”来制定；会计信息质量的实践标准根据特定会计信息使用人的意见和注册会计师审计意见确定。对于会计信息质量的过程检验，检验内容要分别确认、计量、记录、报表编制阶段描述，检验指标设置“记账凭证数量符合程度系数”和“记账凭证金额符合程度系数”。对于会计信息质量的最终结果检验，检验指标设置“报表项目差错率”“会计报表差错率”“会计报表披露程度系数”“会计信息最终结果系数”。朱国泓和孙铮（2004）、魏明海（2004）等学者则将数学模型的概念引入了对会计信息质量特征的研究。岳上植（2005）提出要对企业的诚信（首当其冲的就是会计信息质量）进行评价，且提出了“6:4”的定性评价与定量评价的比例。其中，定量指标包括会计核算诚信状况和会计管理诚信状况。前者包括资产失真率、利润失真率、会计信息记录失真率、凭证抽查失真率；后者包括违法违规查处率、会计资料失真率、票据缺失率、资产非正常损失率。定性指标主要从会计执业环境、会计核算、内部控制制度、财经法纪检查几个方面设计指标。袁建国等（2005）提出，对会计信息质量的评价可以从三个方面采用量化指标进行。真实性可由资产失真率、负债失真率、所有者权益失真率、收入失真率、成本费用失真率、利润失真率、现金流入失真率、现金流出失真率等相对指标进行衡量。及时性可通过财务报告公布时间、重大事项公布时间与规定时限之间的时间差来衡量。全面性则用未反映的财务信息对相关项目的影响率来衡量。马晓萍（2005）提出建立模糊评判的数学模型来对会计信息质量进行评价：首先确定评判因素（构成因素集），其次确定评判集，再次进行单因素评判、综合评判，最后进行归一化处理。李丽青和师萍（2005）提出建立企业会计信息质量测度指标体系。其中，一级指标有4个："充分披露程度""会计政策一致程度""现金流量质量度""收入资产质量度"，二级指标有18个，在赋予每个指标一定权重的基础上通过评分的方式进行评价。

2.3 资源配置效率的研究

2.3.1 融资效率的研究

（1）再融资效率衡量指标与评价方法

目前，国内外学者对上市公司再融资效率评价所选用的指标大多为财务指标，评价的技术方法采用最多的是比率分析法和回归分析法，通过对再融资前后上市公司业绩的比较得出结论。近些年，很多学者将数据包络分析（DEA）、BP 神经网络、模糊数学等理论和方法引入到上市公司再融资效率评价中，取得了非常好的效果。见表 2－3。

表 2－3　　上市公司再融资效率评价的代表性方法

代表人物	年份	上市公司再融资效率的测评指标、技术方法和研究结论
Marsh	1979	利用沃尔比重法，研究了英国 1962—1972 年实施再融资的公司，发现实施当年市场表现突出，实施后一年市场反应表现不佳
李树辉	2001	采用比率分析法从 1993—1996 年的配股公司中选取了 49 家配股公司，对总资产、销售收入、利润总额、净利润和净资产收益率等财务指标比较分析，发现配股公司发行后的经营业绩无论是与其自身发行前的情况比较，还是与按照行业、业绩和资产规模配比的同质公司比较，均明显偏低，揭示了上市公司在配股后经营业绩长期下降的现实
周运兰	2001	选用主营收入增长率、主营利润增长率、净利润增长率、总资产增长率和净资产收益率来衡量上市公司股权再融资之后的财务绩效，采用回归分析的方法对上市公司再融资后三年的经营业绩进行比较，得出再融资后经营绩效下降的结论
康彦彦	2003	采用模糊数学方法，得出了国有企业股权融资效率不高的结论
刘立昌，冯根福	2001	运用投入导向模式中规模报酬不变（CRS）的 DEA 模型，选取股权融资总额、流通股比例、股权集中度、资产负债率为输入指标，净资产收益率、主营业务增长率、托宾 Q 为输出指标，得出 70% 的上市公司股权融资既达不到技术效率又达不到规模效益的结论

续表

代表人物	年份	上市公司再融资效率的测评指标、技术方法和研究结论
刘宇	2005	通过对我国上市公司股权再融资资金运动规律进行分析，创造性地提出了资金运动三重性理论，用来科学阐述上市公司股权再融资的制度效率、资源配置效率和资金运用效率之间的相互作用、相互影响的关系，为后人的研究提供了一个可借鉴的理论模型
赵娜	2007	运用C2R下的DEA模型，选取股权融资总额、非流通股比例、主营业务成本等为输入指标，净资产收益率、主营业务增长率等为输出指标，通过Matlab软件进行分析，得出近50%的股权再融资效率有效的结论
彭晓英，张庆华	2009	采用单因素指标分析法和DEA分析法两种综合分析方法，采用总资产、主营业务成本、资产负债率为输入指标，净资产收益率、主营业务增长率为输出指标，得出我国煤炭企业股权再融资仅有28.57%是DEA有效的结论
谢利人	2009	在对上市公司再融资后的财务比率数据进行因子分析后，用一个三层BP神经网络模型对偿付能力进行学习、训练，再利用训练好的模型进行检测评价，发现再融资后上市公司的业绩呈下降趋势
蔡明超，倪旸	2009	采用间隔期模型对中国上市公司首次公开发行与上市后第一次再融资的融资间隔期进行了实证分析，研究表明，国有股比例越高，则首发后融资间隔期越短，而且国有股比例高的公司往往更达不到发行主管机构制定的关于再融资的净资产收益率的标准
陈其安	2010	选取每股收益为被解释变量，再融资资金投向变更为解释变量，上市时机、股本规模、财务杠杆为控制变量，利用Eviews软件建立计量经济学模型研究得出，再融资资金投向变更是股权再融资效率低下的主要原因之一

续表

代表人物	年份	上市公司再融资效率的测评指标、技术方法和研究结论
毕金玲	2010	作者认为再融资监管政策是中国上市公司再融资效率的重要影响因素，以增发政策为例，应用博弈论缺口模型分析再融资监管政策对上市公司再融资决策的影响，研究表明，再融资监管政策对上市公司业绩分布有着显著的影响

纵观中外学者的研究，用来表征上市公司再融资效率的指标多种多样，大致可以归纳为三类。

经营业绩类财务指标。早期的研究多以上市公司再融资后的利润、每股盈余、主营业务利润率、每股收益、主营业务增长率等传统的经营业绩类财务指标来衡量上市公司的再融资效率，其中用净资产收益率来衡量公司再融资效率最为普遍，因为净资产收益率是证监会衡量上市公司能否实施再融资的重要标准。这些会计收益指标具有计算简便、易于获得的优点，但同时也存在许多缺陷，如容易受到人为操纵、没有考虑权益资本的成本、容易造成经营者的短期行为等。一些上市公司为了达到证监会要求的再融资资格抑或为了保住再融资资格，就有可能通过资产减值准备的计提和转回、关联交易等手段进行盈余管理或虚减净资产来粉饰财务报表，提高净利润和净资产收益率。

托宾 Q 比率。有一部分学者采用托宾 Q 比率作为测评标准。在我国资本市场机制不完善的条件下，沿用托宾 Q 比率衡量再融资效率存在着不少缺陷。首先，相关数据较难取得，如公司资产的重置价值，我们一般是用总资产账面价值来衡量，但账面价值与市场重置成本事实上差异很大；其次，权益市场总值是用计算期内股票的市场价格乘以发行在外的普通股股数得到的，但在我国当前的股票市场中，仍有一部分非流通股，这部分不能交易的国有股和法人股的估值是非常困难的。

EVA（经济增加值）指标。近年来，相继出现了一些新的业绩衡量指标。1991 年 Stewart 提出 EVA 指标，1997 年 Jeffrey 提出 REVA（修正的经济增加值）指标，在 EVA 的基础上又设计了 MVA（Market Value Added，市场增加值）指标。EVA 指标是从税后净营业利润中扣除包括股权和债务的所有资金成本后的真实经济利润，它综合考虑了所有资本的成本，这一指标的缺陷主要有两个。一是仅仅关注企业当期的经营情况，没有反映出市场对公司整个未来经营收益预测的修正；二是计算方法建立在半强式有效市场的假设条件下，而我国的股票市场仅达到弱式有效。此外，由于我国上市公司的股票分为流通股和非流通股，因此很难准确计算权益的市场价值。

从国内对上市公司再融资效率的研究方法来看，使用最多的是比率分析和回归分析方法。比率分析方法只能得出单个投入指标与单个产出指标的对比关系，而回归分析法采用最多的是对 SEO 前后上市公司的经营业绩进行对应的配对样本 r 检验或 z 检验，以检验 SEO 后上市公司的经营业绩是上升还是下降。这种方法虽然较为直观和简便，但是研究的范围过窄，可能忽略了一些宏观因素的影响，这些因素可能造成企业经营业绩的整体性波动。而配对样本检验无法区分这些影响，并且配对检验也不能定量化地分析具体的影响因素，使深入分析受到限制。层次分析法（AHP）、多属性决策方法的基本思想是：首先确定影响再融资效率的若干因素，并将其排列成由高到低的相互关联的若干层次，然后将各因素的相对重要性予以量化，依此进行最终的选择。这类方法的测评准确率相对较低。

（2）股权再融资效率研究

上市公司股权再融资后的业绩表现，历来是受到学术界和市场投资者关注的一个焦点话题。对上市公司股权再融资后业绩的研究，具有里程碑意义的一篇文章是 Loughran 和 Ritter 在 1995 年写的题为 “The New Issues Puzzle”（新发之谜）的文章。Loughran 和 Ritter 对美国 1970—1990 年进行增发新股的 3702 家上市公司进行了研究，发现上市公司增发新股后，5 年的平均每年持有回报率为 7%，低于同期未发行股票的对照组 15.3% 的长期回报率，并把这种现象称为 “The New Issues Puzzle”。

Loughran 和 Ritter（1997）随后进行更详细的阐述，样本是来自美国 1979—1989 年增发新股的 1338 家上市公司，发现进行 SEO 公司的长期经营业绩和股票收益都出现了下降，经营业绩指标总资产经营活动利润率（OIBD/ASSET）和资产回报率（ROA），从增发当年到增发后第 4 年，分别从 15.8% 下降到 12.1%、从 6.3% 下降到 3.2%。成长性高的公司，SEO 后的长期股票收益下降得更快，公司 SEO 前的业绩和股价的提高与 SEO 后业绩和股价的下跌，以及一些年度出现 SEO 的热发现象而另一些年度 SEO 则很少——他们认为出现这些现象，是因为公司经理人利用了 “机会之窗”，他们认为，公司能够预测到股票市场上投资者的乐观情绪在何时出现，当一家公司的价值被高估的时候，公司会抓住这一机会发行新股票，即公司利用了这个 “机会之窗”。根据 Myers 和 Majluf（1984）提出的理论，为了股票价值最大化，公司筹集资金的顺序是内部权益资金（企业未分配利润）、外部债务筹资和外部股权筹资（即 SEO）；但是在机会之窗下，企业筹资的顺序发生了变化，在企业价值高估的前提下，发行新股票变成公司筹资的第一选择。在有些年份，价值高估的公司比较少，那么进行 SEO 的公司就比较少；在有些年份，价值被高估的公司多，SEO 的公司数量就相对多一点。公司利用新发行股票的资金扩大了资本支出，导致了企业投资的项目很多都是净现金流量为负的项目，使得 SEO 公司的长期业绩下滑。其后的一些研究发现，财务分析师对后续盈利的预测常常过分乐观，市场对公司未来的盈余公告做出了出乎意料的反应。Kang 等（1999）对日本上市公司 SEO 的长期业绩进行了研究，他们的证据不支持这个假说，在日本，私募发行时，为了使投资者购买股票，公司要向投资者提供足够的信息，以便投资者做出决策，这些认购私募股份的投资者能够辨别是否公司的价值被高估，公司很难利用价值高估的机会发行新股票。但是在日本，这些私募发行股票的长期业绩也出现了下滑现象。Pierre（2000）对法国公司 SEO 的研究支持“机会之窗”的理论。

McLaughin 等（1996）用 Jensen（1986）的“自由现金流假说”来解释公司 SEO 后业绩下降的原因。自由现金流假说认为，委托人和代理人的利益冲突会导致公司经理人不愿意把公司剩余的自由现金流归还给股东，或公司经理人发行股票进行融资而滥用公司自由现金流。因此，公司 SEO 后业绩会出现下降，公司 SEO 前的自由现金流越多，公司 SEO 后的业绩下降得更快。两人用美国市场 1980—1991 年 1296 家增发新股的公司数据研究发现，在增发后 3 年内，样本公司的业绩指标总资产税前经营现金流和经行业调整的总资产税前经营现金流，都出现了显著的下降。截面回归方程得出，样本公司增发前第 1 年的自由现金流量与样本公司增发后的业绩变化显著负相关，增发前第 1 年的自由现金流量越多，样本公司增发后的业绩下降得更快，支持自由现金流假说。

McLaughin 等（1998）随后用 Myers 和 Majluf（1984）的“证券发行决策信息模型”来解释公司 SEO 后业绩下降的原因。该模型以信息不对称理论为基础，认为公司 SEO 后业绩会出现下降，公司信息不对称越严重，公司 SEO 后的业绩下降得更快。

他们用公司规模和市净率来衡量公司的信息不对称，样本来自美国市场1980—1993年增发新股的1967家上市公司，研究结论支持“证券发行决策信息模型”。研究发现，在发行后5年内，增发新股的公司业绩指标总资产税前经营现金流和经配比样本调整的总资产税前经营现金流，都出现显著下降。同时，规模小、市净率高的公司比规模大、市净率低的公司信息不对称严重，其发行证券后业绩下降得更快。

“信号观点”是由Lel和Pyle（1977）提出、Dowes和Heinkel（1982）进行实证检验的，他们认为管理者只有在预期到未来现金流量和股票价格增长的情况下才会持有公司的股票，如果未来预期不佳，管理者就会发行新股，减少自己的持股比率。因此，市场会把公司宣告SEO作为长期利差的信号，从而对SEO做出长期负面的反应。这种观点的一个前提是市场并不是有效的，即市场虽然把SEO的宣告解读为负面信息，对这种不利的信息做出负面反应，但是这种反应是不充分的反应，市场在其后的长时期才能逐步对这种不利的信息做出充分反应。Daniel等（1998）提出的模型解释了市场为什么以及如何做出不充分的反应，按照这个观点，如果SEO宣告时，市场做出了负面反应，那么股票回报率的长期业绩也应当是负面的；如果SEO宣告时，市场做出了正面反应，那么股票回报率的长期业绩也应当是正的。在美国，可以看到SEO的宣告会导致市场的即时负面反应，长期业绩也出现了恶化现象。但是这种观点受到了Kang等（1999）的挑战，他们发现，市场不充分反应SEO宣告的理论无法解释日本上市公司SEO的长期业绩恶化。他们发现SEO宣告的市场反应为正，而其后的长期业绩显著为负，二者的相关性很小，并没有市场反应不充分的证据。Myers和Majluf（1984）认为企业发行新股传递了企业现存资金的价值，由于管理层代表现有投资者的利益，新发行股票要在投资能否增加企业的价值和是否存在财富从现有投资者向新投资者转移之间进行权衡，如果发行新股票的目的是进行资本投资，市场会认为企业扩大资本支出的目的是因为现有资产的盈利能力过低或者风险过大造成的，因而做出负面反应。

Teoh 等（1998）用“盈余管理”的观点，来解释公司股权融资后业绩下降的原因。样本来自美国市场 1976—1989 年增发新股的 1265 家上市公司，研究发现，SEO 公司为了提高发行价格，在 SEO 前会通过提高非正常应计项目的方式进行利润操纵，这些进行利润操纵的公司未来业绩的恶化导致了 SEO 后续业绩的下滑，未来经营业绩的下滑导致了未来股票回报率的下滑。因为公司 SEO 前的利润操纵必须通过 SEO 后的利润来补偿。非正常应计项目程度越高，未来经营业绩和股票回报率的下滑程度越大。他们的解释是市场上的投资者存在幼稚行为，忽略了 SEO 前企业的盈余管理行为对会计信息相关性的影响，这种解释显然是和市场有效性的观点相矛盾的。其后的研究，如 Shivakumar（2000）提出了不同的解释，他认为 Teoh 等（1998）和 Rangan（1998）对投资者幼稚行为的解释是由他们检验方法错误所导致的，他用理性预期理论来解释公司在 SEO 前进行盈余管理，并不是为了误导投资者，投资者可以发现公司采用盈余管理的方法提高利润；他认为这种盈余管理行为是发行公司对预期到 SEO 宣告的市场行为做出的一种理性反应。

2.3.2 投资效率的研究

（1）我国的研究

我国学者也对我国企业是否存在投资过度和投资不足等非投资效率进行了相应的研究和判断。潘敏和金岩（2003）运用一个包含有信息不对称和我国现有股权制度安排下的股东目标差异等因素在内的企业股权融资投资决策模型，分析了我国上市企业股权融资偏好下投资过度的形成机制，分析结果表明，即使不考虑信息不对称因素，我国上市企业同股不同权、流通股比例偏低的股权制度安排也会导致股权融资下的投资过度行为发生；在同时考虑信息不对称和我国上市企业特殊股权制度安排的情况下，与仅考虑信息不对称因素的成熟证券市场上同股同权企业股权融资下的投资行为相比，我国上市企业股权融资下投资过度发生的可能性要大得多。唐雪松等（2007）利用 Vogt（1994）模型，以我国 2000—2002 年的制造业上市公司为样本，通过检验企业投资与现金流之间是否存在显著相关性的方法，实证了我国上市公司存在投资过度的现象。罗琦等（2007）以 1999—2005 年中国上市企业为分析样本，通过检验现金持有量对投资—现金流敏感度来考察企业中的融资约束和代理冲突，他们发现，民营企业、大规模地方国有企业中存在投资过度，而小规模国有企业面临融资约束，存在投资不足。张功富和宋献中（2009）以我国 2001—2006 年间的沪深两市 301 家工业类上市公司为样本，实证度量了我国企业非效率投资，他们发现，在 2001—2006 年间，样本公司中的 39.26% 的公司存在投资过度，60.74% 的公司存在投资不足。崔萍（2006）参照 Vogt（1994）模型的研究方法，并通过引进投资机会 Q 与现金流的相互作用变量的方法，检验了 1999—2004 年度我国上市公司投资对现金流敏感性背后的动因，他认为我国上市公司存在投资过度和投资不足等非效率投资。

（2）投资效率的度量方法

Verdi 等（2006）认为效率投资是在没有市场摩擦如逆向选择和道德风险的市场上进行的对净现值即 NPV 为正的项目的投

资。非效率投资包括由于逆向选择和道德风险的存在放弃 NPV 为正的项目的投资不足行为和投资于 NPV 为负的投资过度行为。

对投资效率的衡量是投资效率研究中的一个难题。目前，对于投资效率的计量主要有投资现金流敏感性模型（FHP 模型）、边际托宾 Q 模型、Wurgler（2000）模型、Richardson（2006）模型等。

①投资现金流敏感性法。投资现金流敏感性模型由 Fazzari 等（1988）最早提出，因此，也常被称为 FHP 模型。随后由 Vogt（1994）加以改进，并得到了学术界的大量应用。投资现金流敏感性法认为，由于信息不对称的存在，公司外部融资成本要高于内部融资成本，使得公司的投资需求受到融资约束，没有实现企业的最佳投资，即表现为公司未能为适当的项目筹集到外部资金，从而表现为投资不足；而由于代理问题的存在，在存在自由现金流的情况下，经理人从自身私利的角度出发，倾向于利用闲置资金进行投资扩张，从而表现为过度投资。但无论哪一种情况，都表现为企业的投资高度依赖于企业内部的现金流。因此，可以用投资现金流敏感性的高低来衡量企业的投资效率。

尽管投资现金流敏感性法得到了不少的使用，也存在如下问题：a. 无法直接判断非效率投资的具体表现。在投资现金流敏感性法下，虽然较高的投资现金流敏感性意味着投资效率的不足，但对于到底是投资过度还是投资不足则无法加以判断；b. 只能实证考察研究样本的投资效率，而不能直接度量特定公司的投资效率；c. 投资现金流敏感性法常常采用 Tobin's Q 模型衡量企业投资机会，而能够反映投资机会的是边际 Q，但由于边际 Q 不可观测性，现有多数研究以平均 Q[2]（即 Tobin's Q）作为替代。而这种托宾 Q 的测量误差可能导致较高的投资现金流敏感性（Erickson 和 Whited，2000；Alti，2003）。

②边际托宾Q模型。在完美的世界中，公司应该投资于回报率超过或等于资本成本的任何项目，由于存在投资报酬率递减和规模效应，边际成本与边际收益等于1时将达到公司的最优投资水平。边际收益与边际成本之比被称为边际托宾Q。因此，实际边际托宾Q和最优边际托宾Q之间的偏离值就度量了公司的投资效率。

Gugler等（2003）在借鉴Mueller和Reardon（1993）以公司市场价值的变化来反映所有公司未来利润的市场预期从而估计投资报酬率的基础上，提出了度量边际托宾Q的方法，并用该托宾Q与最优托宾Q的偏离度来衡量公司的投资效率（Durnev等，2004；Risberg，2006）。

设某公司第t期的投资为I_t，该投资第t+j期产生的现金流量为CF_{t+j}，第t期公司现金流折现率为I_t，则投资的现值PV_t为：

$$PV_t = \sum_{j=1}^{\infty} \frac{CF_{t+j}}{(1+i_t)^j} \quad (2-4)$$

假设公司投资I的永久收益率为r_t，则有：

$$PV_t = \frac{I_t r_t}{i_t} = Q_m I_t \quad (2-5)$$

假定资本市场有效，根据边际托宾Q的定义，则边际托宾Q为：

$$Q_m = \frac{PV_t}{I_t} \quad (2-6)$$

Gugler、Mueller和Yurtogulu（2003）认为Q_m具有以下三个特点：在无税和交易成本的完美世界中，Q_m大于1则意味着投资不足；Q_m小于1则意味着投资过度；该比例避免了公司资本成本的计算；计算Q_m的方法可以允许公司存在不同程度的风险。

假设公司每期投资相同的金额 I_t，且产生永久收益率 r_t，那么该项目每期将产生相同的现值。第 t 期末公司的市场价值 M_t 则可以写成：

$$M_t = (1-\theta)M_{t-1} + PV_t + u_t \tag{2-7}$$

其中，θ 为公司总资产的市场预期折旧率，u_t 为市场估计的 M_t 测量误差。

将式（2.6）代入式（2.7），对 M_t 进行一定的变换，则有：

$$\frac{M_t - M_{t-1}}{M_{t-1}} = -\gamma + Q_m \frac{I_t}{M_{t-1}} + \frac{u_t}{M_{t-1}} \tag{2-8}$$

假设资本市场是有效的，u_t 的期望值为 0。假定 Qm 和 γ 在时间序列上保持不变，则由式（2.8）得到下面可检验的回归方程：

$$\frac{\Delta M_t}{M_{t-1}} = -\gamma_0 + \gamma_1 \frac{I_t}{M_{t-1}} + \varepsilon \tag{2-9}$$

式（2.9）中的 γ_1 即为估计的边际托宾 Q（$\hat{Q}$），且该比例调整了公司间的风险报酬率差异。如果假定最优边际托宾 Q 比（Q^*）为 1 或者其所处行业的平均边际托宾 Q 比，那么，$|Q^* - \hat{Q}|$ 或者 $(Q^* - \hat{Q})^2$ 都能度量公司的投资效率。

Durnev 等（2004）认为 Gugler 等（2003）的估计没有从市场预期出发，而边际托宾 Q 真正度量的是投资者基于市场预期的边际项目盈利能力，因此，他们根据市场预期因素对其进行了修正。

③Wurgler 模型。如果资金可以在不同行业间进行自由流动，则资金会从效率低的行业流向效率高的行业，从而使得各行业的资本边际参数率趋于相同。基于上述思想，Wurgler（2000）用下面的模型来直接衡量投资效率：

$$\ln\left(\frac{I_{ic,t}}{I_{ic,t-1}}\right)=\partial_c+\theta_c\ln\left(\frac{V_{ic,t}}{V_{ic,t-1}}\right) \tag{2-10}$$

其中，I_{ic}，t 是国家 c 行业 i 第 t 年固定资产净值年均余额，V_{ic}，t 为国家 c 行业 i 第 t 年的工业增加值，θ_c 是投资弹性系数，即该国的投资效率。

高投资弹性系数 θ_c 意味着在回报率高的行业或者项目内适时追加投资，而在回报率低的行业或项目中适时撤出投资，因此投资效率较高；而低 θ_c 则相反。Wurgler（2000）运用上述模型衡量投资效率的研究发现：与发展中国家相比，发达国家的投资效率显著高于发展中国家，从而加速了经济发展速度。

Wurgler 模型的主要缺陷是：模型的估算需要长时间的非遗漏序列数据，从而会导致幸存性偏差；长时间窗口可能会忽略生产技术、市场条件和公司治理等因素的潜在变化；参数的估计缺乏稳定性。因此，Wurgler 模型主要用于度量国家、地区或者行业的资本配置效率（Beck 和 Levine，2002；韩立岩和王哲兵，2005；方军雄，2006）。

④ Riehardson 模型。Hurbard（1998）认为在完美的资本市场条件下，公司成长机会是公司投资的唯一内在驱动因素，因此，任何处于完全竞争市场环境下的公司都存在一个最优投资需求水平（Stein，2003）。因此，可以将公司的投资效率定义为实际投资与最优投资的偏差。Richardson（2006）在 Hurbard（1998）研究的基础上，首次构建了基于会计数据的公司过度投资和自由现金流量的定量化分析模型。

Richardson（2006）将企业的总投资分为维持性投资和新增投资。维持性投资是维持当前正常生产经营活动所需的投资，新增投资包括预期投资（或最优投资）和非预期投资两个部分。预期投资作为最优投资是由公司的成长机会、融资约束、行业和其他等因素决定的；非预期投资则为企业的非效率支出，其可能为正也可能为负，为正则代表投资过度，为负则代表表示投资不足。

Richardson 运用会计数据构建的企业非效率投资计量模型如下：

$$I_{it} = \beta_0 + \beta_1\left(\frac{V}{P}\right)_{it-1} + \beta_2 LEV_{it-1} + \beta_3 CASH_{it-1} + \beta_4 AGE_{it-1} + \beta_5 SIZE_{it-1} + \beta_6 RET_{it-1} + \beta_7 I_{it-1} + \sum INDUSTRY + \varepsilon_{it} \quad (2-11)$$

其中 I_{it}是 i 公司第 t 年的新增投资净额，等于企业各年总投资减去各年维持性投资；$(V/P)_{it-1}$是 i 公司第 t－l 年时市场预期的公司成长机会，等于企业价值除以其权益的市场价值；LEV_{it-1}是 i 公司第 t－1 年的资产负债率；$CASH_{it-1}$是 i 公司第 t－1 年的现金存量比；AGE_{it-1}是 i 公司第 t－1 年的上市年数；$SIZE_{it-1}$是 i 公司第 t－1 年的企业规模，RET_{it-1}是 i 公司第 t－1 年的个股收益率；I_{it-1}表示滞后一期的因变量；ε_{it}是残差，即非效率投资，如果为负，则表明投资不足；如果残差为正，则表明投资过度。

Richardson 模型能较好地度量特定公司的投资效率，即可以直接计量公司年度（firm－year）的投资效率高低；并且运用截面数据回归可以避免应用边际托宾 Q 模型和 Wurgler 模型存在的样本幸存性偏差问题，从而被许多学者用于研究薪酬契约、会计信息和治理机制对公司投资决策的影响上（Wang，2003；辛清泉等，2007；魏明海、柳建华，2007；李青原，2009）。当然，Richardson 模型也存在控制变量的选择、残差均值为零假设、现实动态环境下事后过度投资意味着事前的投资不足等问题（Bergstresser，2006），但考虑到该模型的优势和本书研究主题需要衡量公司年度的投资效率指标，加之该方法的广泛适用性。本书将通过 Richardson 模型来计量企业的投资效率。

2.3.3　定价效率的研究

国内外学者较早关于首次公开发行（IPO）定价效率的研究主要集中在对发行抑价的分析，认为衡量 IPO 定价效率的标准是 IPO 抑价程度。Rock（1986）和 Barry（1989）通过大量研究发现新股发行抑价现象在世界各国几乎是普遍存在的，但发达国家成熟市场的抑价程度明显要低一些，如法国 1983—1992 年 IPO 的平均抑价为 4.2%，而马来西亚 1981—1991 年 IPO 的平均抑价为 80.3%。这说明成熟市场具有相对较高的发行定价效率，新兴市场的发行定价效率却比较低。Benveniste 和 Spindt（1989），Beveniste 和 Wilhelm（1990），Spatt 和 Srivastava（1991）的研究均表明：与其他 IPO 机制相比，累计订单询价更有利于投资银行收集关于股票价值的真实信息，从而对 IPO 进行准确定价，提高定价效率。Lowry 和 Schwert（2004）指出了公共信息对新股定价的影响并建立一个简单的定价模型，通过分析公共信息是否被完全反映在 IPO 定价区间及发行价中，以此来评判 IPO 定价是否有效率。在我国陈工孟和高宁（2000）研究发现 A 股市场发行抑价率平均高达 335%，IPO 的高抑价造成了一级市场的超额收益率，扭曲了金融资源的配置，严重影响资本市场的效率。王晋斌（1997），张人骥和朱海平（1999）认为新股发行制度是造成我国 IPO 高抑价的主要原因。邓召明（2001）对我国新股发行行政化定价方式的效率及新股发行市场化定价方式的效率进行了实证研究，结果表明市场化发行方式改革的大方向是正确的，它是促进我国股票发行市场定价效率提高的重要途径之一。毛宗平和川文（2004）从一级市场角度，首先提出衡量新股发行定价效率的标准，并对我国新股发行定价效率进行实证研究，研究发现我国 2000 年以前新股发行定价效率相当低，2000 年以后新股发行定价效率相对于以前有所提高，但新股发行定价效率依然不高。段进东和陈海明（2004）通过实证研究发现我国新股发行价具有一定的合理性，新股发行定价具有一定的信息效率，然而新股发行价却没有反映出新股发行前市场风险指数、注册地域、公司历史、主承销商声誉、偿债能力及成长能力等因素或信息，即新股发行价在体现与发行公司相关的这些因素或信息方面仍较为有限。俞颖和佟德庆（2005）用计量经济学的实证分析方法对我国近 10 年首次公开发行新股的定价效率进行了分析，认为我国股票发行制度改革在一定程度上提高了定价效率，同时也加大了市场风险。1990—2000 年，我国股票发行制度一直采用行政审批制。2001 年 3 月 17 日，我国股票发行核准制正式启用，那么核准制的实施是否提高了 IPO 定价效率？本书建立计量经济学模型对审批制与核准制下的 IPO 定价效率进行实证研究，通过分析新股发行价对各影响因素的反映情况来比较两种发行制度下的 IPO 定价效率，进而检验核准制的实施是否提高了我国的 IPO 定价效率。

第3章 制度背景和理论分析

根据前面的文献，我们已经知道，盈余持续性、使用者感知和资源配置效率方面的相关研究进展。接下来，我们将从制度背景和理论分析两方面进一步阐释这三者的内在联系。

3.1 制度背景

3.1.1 融资现状分析

(1) 中国行政管理体制

上市公司与市场投资者在再融资当中的矛盾实际上是一个信息不对称的矛盾。在再融资行为中，上市公司是信息优势者，它充分了解再融资项目的盈利性、风险性等特征，而投资者为信息劣势者，它只能通过发行公告书了解少量的有关再融资项目的信息。按照经济学理论，信息不对称就会出现“逆向选择”。

那么如何保证再融资项目都是优质的呢？或者至少在一定程度上能减少“逆向选择”，减轻投资者的信息劣势呢？由于再发行募集资金投资项目的盈利性和风险性等信息，都是有关未来的不确定性信息。一般投资者既没有专业知识，也无法承受巨大的成本去掌握和判断这些信息。所以，国外成熟市场的典型做法是交给专业的投资银行完成，而通过市场本身来判定再融资项目的优劣。比如，一家投资银行可能只做某一个特定行业的融资项目，因为它专注于一个行业有利于集中精力去了解这个行业的未来发展趋势，有利于它判断融资项目是否确实具备一定的高盈利性和低风险性。再比如，投资者在判断一个再发行项目优劣时，很可能把做这个项目的投资银行的以往承销项目的业绩优劣作为一个重要的参考因素。

在我国股票市场发展的早期，由于缺乏一个专业的投资银行队伍，再融资项目的优劣判定无法通过市场本身来实现。出于保护投资者的角度，中国证监会一方面在再发行的审批制度上进行把关，即证监会的发行部门要仔细审查投资银行上报的再融资材料，最后再由发审委来确定是否可以批准再融资项目。另一方面则对股权再融资公司进行门槛限定，即规定只有经营业绩好的公司才被允许再发行。设置门槛可避免所有的上市公司都进行再融资，控制市场融资的规模。另外，更为重要的是，设置门槛就是希望能控制再发行项目的质量，保证“绩优”的项目进行再融资，而过滤掉“绩差”的项目，从而减少投资者在再发行中的信息弱势。

我国股票发行审核制度的演变，经历了从审批制到核准制的转变过程。这一过程又可以分为“额度管理”“指标管理”“通道制”和“保荐制”四个阶段，其中前两个阶段属于审批制阶段，后两个阶段属于核准制阶段。

“额度管理”阶段（1993—1995 年）。本阶段首先由国务院证券部门确定股票的发行总额度，然后将总额度根据各省级行政区域和行业在国民经济中的地位和实际需要进行分配，最后再由省级政府或者行业主管部门确定发行股票的企业。这就是常说的“总量控制，划分额度”的方法。

“指标管理”阶段（1996—2000 年）。针对额度管理出现发行规模小的问题，本阶段采取“总量控制，限报家数”的做法。首先，由国务院证券主管部门确定发行上市的企业总家数；然后将发行总家数指数分配给各省级政府和行业主管部门；然后再由省级政府或行业主管部门在给定的指标内推荐预选企业；最后，由证券主管部门对预选企业的申报材料进行审核批准。

“通道制”阶段（2001 年 3 月—2004 年 12 月）。2001 年 3 月为了配合证券发行核准制的实施，中国证券业协会受证监会委托制定发布了《关于证券公司推荐发行申请有关工作方案的通知》，其中明确规定证券公司推荐的发行上市家数，确立了核准制下的“通道制”。“通道制”的核心是“证券公司自行排队，限报家数”，主承销商的通道数实际上就是其可以推荐申报的企业家数。通道制改变了过去采用行政机制来遴选和推荐发行人的做法，主承销商获得了遴选和推荐股票发行的权力，但股票发行“名额有限”的特点未变，并且主承销商只是推荐发行，真正批准证券发行的权力仍然在证监会。

“保荐制”阶段（2004 年 2 月至今）。2003 年 12 月，中国证监会颁布了《证券发行上市保荐制度暂行办法》，并于 2004 年 2 月 1 日起实施，但每家券商仍可按通道报送企业，直至 2004 年 12 月 31 日才彻底废止了通道制。所以，2004 年 2 月—2004 年 12 月实际上为通道制与保荐制并存时期，此后则是单一保荐制阶段。保荐制的核心内容是强化和细化保荐机构的责任，特别是以保荐代表人为代表的证券从业人员的个人责任。在保荐制下，企业发行上市不仅需要要有保荐机构进行保荐，而且还需要具有保荐代表人资格的从业人员具体负责保荐工作。但与通道制一样，保荐人和保荐机构只是具备推荐发行上市的资格，此后，同样要经过证监会发审委的审查批准，因此，股票发行的决定权实际上仍过度集中在宏观监管部门—中国证监会手里。

我国资本市场正在完善过程中，在“发展、规范与市场承受能力高度统一”的准则下，政府实施了比较严格的证券发行管制：公司发行证券首先需要满足财务门槛指标（净资产收益率、现金红利分配等）。中国上市公司的股权再融资一直受到政府的严格管制。上市公司申请配股需要经过以下几个步骤：第一，董事会发布配股预案；第二，股东大会对配股预案进行表决；第三，中国证监会对上市公司的配股申请进行审批。除了复杂的配股审批程序，申请配股的上市公司必须满足一定的条件，其中最重要的条件就是盈利要求。

增发作为一种再融资手段，自 1997 年引入以来已经历了几个发展阶段，从最初的单纯以资产重组为目的、必须备案特批型的增发，到 2001 年 3 月以后的全面开放型低门槛增发，再到目前的全面开放型高门槛增发，伴随着增发政策的变化，市场反应也呈现出显著的阶段性特点。特别是从 2001 年 3 月《上市公司新股发行管理办法》出台后到 2002 年 6 月（关于上市公司增发新股有关条件通知）颁布前，这一年多时间里增发折价现象明显；但此后，在一段时期的增发沉寂后，市场对增发的负反应开始弱化。见表 3－1。

表 3－1　　　　中国上市公司配股政策的演变

发布时间	文件名称	主要内容
1993. 12. 17	《关于上市公司送配股的暂行规定》	距离配股前次募集时间不短于 12 个月，连续两年实现盈利，以这两年税后利润是否连续增长为准
1994. 09. 28	《关于执行〈公司法〉规范上市公司配股的通知》	近三年平均净资产收益率（ROE）不低于 10%，特别行业可以略低；配股总额不超过原有总股本的 30%
1996. 01. 24	《关于 1996 年上市公司配股工作的通知》	原有政策基础上，能源、原材料和基础设施公司配股的 ROE 不低于 9%，募集资金参与国家重点建设项目的配股比例不受 30% 的限制
1997. 09. 10	《关于做好 1997 年股票发行工作的通知》	企业在其招股说明书的盈利预测应符合实际，凡年度报告的利润低于盈利预测 20% 以上的，将停止发行公司两年内的配股资格
1999. 03. 17	《关于上市公司配股工作有关问题的通知》	近三个完整会计年度的 ROE 平均不低于 10%，特别行业不低于 9%，其中任一年 ROE 不低于 6%；配股总额不超过原股本 30%，重点项目除外
2001. 03. 15	《关于做好上市公司新股发行工作的通知》	近三个会计年度的 ROE 平均不低于 6%，扣除非经常性损益前后净利润孰低计算；配股总额不超过原有总股本的 30%，控股股东全额认购除外
2006. 05. 08	上市公司证券发行管理办法	拟配售数量不超过本次配售前股本总额 30%；控股股东应当在股东大会召开前公开承诺认配股份数量；引入“发行失败”制度及最低分红比例

（2）中国上市公司再融资的融资品种

资本市场的基本功能之一就是资金的融通。中国上市公司再融资品种主要包括配股、公开增发、非公开发行股票、可转债、分离债、公司债和交换债，是世界上再融资品种最丰富的国家之一。这些融资品种之间都存在着较大差异，并适合不同类型的上市公司。目前来看，只要符合规范运作的中国上市公司都可以找到适合自身情况和需要的再融资品种。

具体来说：向原股东配售股份简称配股，即只有老股东才能够参与认购；向不特定对象公开募集股份简称增发，也称为公开增发或者公发，即新老股东都可以参与认购；非公开发行是指上市公司采用非公开方式，向特定对象发行股票的行为；可转换公司债券简称可转债，是指发行在一定期间内依据约定的条件可以转换成股份的公司债券；分离交易的可转换公司债券简称分离债，是指一般性债券与权证相结合的新型债务融资工具，发行后权证和债券分离交易；公司债券简称公司债，是指发行约定在一定期限还本付息的有价证券；而可交换债则是上市公司大股东以自身持有的上市公司股票作为抵押来发行的需还本付息的有价证券。

（3）总体情况

为了解中国资本市场配股行为的总体情况，我们考察了2000—2010年期间中国上市公司再融资的整体情况，包括进行再融资的上市公司家数及融资的规模，具体详见表3－2。需要特别指出的是，2004年和2005年中国证监会因询价制度改革、股权分置改革以及市场低迷等原因，两次暂停了新股发行；非公开发行股票自2006年推出以来，以其发行门槛低且不需要强制披露信息的优势，广受具有再融资需求的上市公司追捧，故选用非公开发行股票进行再融资的上市公司家数大幅提高；表中2006年之前的非公开发行并不是严格意义上的非公开发行股票，而可能是并购重组的样本量；2008 年受国际金融危机的影响，中国证监会暂停了 9 个月的新股发行，而这期间再融资的公开发行品种（主要指增发、可转债和分离债）也受到了影响。以上因素都对配股行为造成了重大影响，尤其是非公开发行股票这一品种，更是对配股造成了极大的冲击。

由表 3-2 可以看出，2005 年之前，采用配股进行再融资的上市公司比例最高，特别是 2000 年和 2001 年，配股占到绝大多数。但由于受到非公开发行股票的影响，进行配股的家数自 2006 年急速下滑，2007 年似乎开始好转，但也只是与除非公开发行股票品种之外的再融资方式相比而言。

表 3-2　2000—2010 年中国上市公司股权再融资的总体情况

项目	非公开发行		公开增发		配股		可转债		分离债	
	家数	募集资金（亿元）	家数	募集资金（亿元）	家数	募集资金（亿元）	家数	募集资金（亿元）	家数	募集资金（亿元）
2000	9	84.36	21	197.32	161	509.53	2	28.5	—	—
2001	1	2.23	21	193.85	126	430.64	—	—	—	—
2002	1	2.04	28	164.18	22	56.61	5	41.5	—	—
2003	—	—	16	114.59	25	76.52	15	181.5	—	—
2004	—	—	11	158.35	23	104.77	13	213.03	—	—
2005	—	—	4	269.8	2	2.62	—	—	—	—
2006	52	947.4	6	102.3	2	4.32	7	43.87	3	99
2007	147	2670.94	30	675.03	7	227.68	10	106.48	6	188.8
2008	108	1759.88	28	518.23	9	151.57	5	77.2	11	632.85
2009	120	2759.9	14	261.69	10	105.97	6	46.61	1	30
2010	160	3394.62	10	377.14	18	1438.22	8	717.3	—	—

3.1.2　投资现状分析

在改革开放之前，我国企业投资管理制度是典型的计划经济产物。企业作为政府的一部分，其投资活动完全由政府决定，企业的投资只是政府投资的一种实现方式，只是对国家投资计划执行的结果。企业无权选择投资项目，仅仅需要扮演投资建设实施者的角色，同时，投资资金的来源也完全由财政拨款，企业也无须考虑投资资金的来源渠道和资金成本。在这样一种投资管理制度背景下，企业投资不存在所谓投资风险的问题，企业投资效率的问题也完全可以忽略。从 1979 年我国进行经济体制改革以来，我国企业投资资金的来源渠道、企业对投资项目选择自主权的大小等投资管理制度经历了巨大的变迁。

企业投资资金的来源渠道是影响企业投资行为的一项重要因素。改革开放后，我国企业投资资金的来源经历了企业投资资金的单一渠道到多种渠道并存的制度变迁。在 1979 年 8 月，为了提高基本建设项目的投资效益，国务院批准了《关于基本建设投资试行贷款办法的报告》，开始在基本建设领域进行“拨改贷”的试点，打破了基本建设由政府财政无偿拨款的计划经济模式。1984 年，国家对金融银行体系进行了改革，将中国人民银行确定为中央银行，新成立了工商银行，主要承担各类存款和企业流动资金的贷款业务；将中国人民建设银行从财政部划出，主要承担基本建设贷款任务，兼有政策性银行和商业银行的职能，这样的金融银行体系改革拓展了企业投资资金的来源渠道。同时，在上海、北京等地开始股份制试点，为企业投资开辟了直接融资渠道。1987 年，国务院又颁布了《企业债券管理暂行条例》，并开始实施，为企业融资开辟了另一条渠道。1990 年和 1991 年上海证券交易所和深圳证券交易所分别成立，为企业权益性融资提供了一个平台。在 1994 年，我国组建国家开发银行、中国农业发展银行和中国进出口银行，作为国家政策性金融机构，建设银行不再承担政策性金融机构的职能，实现了政策性投资贷款和商业性投资贷款分离。以上改革，使得我国企业投资资金的来源多元化，既可以来自权益性和债务性融资，同时对一些特殊项目还可以来自政府的融资。

企业对投资项目选择自主权的大小是影响企业投资行为又一重要因素。改革开放后，我国企业投资项目的决定权经历了企业没有自主的投资决定权到拥有较充分的投资项目决定权的制度变迁。在 1979—2003 年间，对于企业固定资产投资基本上采用国家审批制度，按照投资项目大小分别实行两级（中央和省级）管理，大中型项目由国家部门审批，小型项目下放给地方政府审批，企业没有真正意义上的投资决策自主权。从 2003 年开始国家对企业投资决策进行深入的改革，明确了企业投资项目的自主选择权力。2003 年，中共十六届三中全会审议通过的《中共中央关于完善社会主义市场经济体制若干问题的决定》指出深化投资体制改革的方向是：进一步确立企业的投资主体地位，实行谁投资、谁决策、谁收益、谁承担风险。国家只审批关系经济安全、影响环境资源、涉及整体布局的重大项目和政府投资项目及限制类项目，其他项目由审批制改为备案制，由投资主体自行决策，依法办理用地、资源、环保、安全等许可手续。对必须审批的项目，要合理划分中央和地方权限，扩大大型企业集团投资决策权，完善咨询论证制度，减少环节，提高效率。2004 年 7 月经国务院批准《国务院关于投资体制改革的决定》进一步落实了《中共中央关于完善社会主义市场经济体制若干问题的决定》中按“谁投资、谁决策、谁收益、谁承担风险”的原则，把政府对投资项目的管理办法划分为审批制、核准制和备案制三类。即：政府投资建设的项目，由政府进行审批；对不使用政府投资建设的项目，一律不再实行审批制，区别不同情况实行核准制和备案制。

综上所述，我国企业投资管理制度的变化使得我国企业投资行为逐步市场化，企业在拥有对投资资金和投资项目自由选择权的基础上，同时也使得企业必须对自己的投资行为负责，企业非效率投资行为的损失不再由国家买单，而是由相应的出资者承担。

3.2 理论分析

3.2.1 使用者感知相关理论

（1）功能锁定假说与有效市场假说

“功能锁定”概念的提出最早在心理学研究领域，它用来描述主体对客体的认识和利用存在某种功能性障碍。例如人们看到一辆自行车，人们往往想到其方便出行的功能，但骑自行车也有运动、健身的功能，或者在需要便捷出行方式时但却没有自行车时，就不会想过用其他的替代物。这种功能性障碍被称为“功能锁定”。学者 Jessen（1966），Ashton 等（1976）将其引入证券市场的研究，提出了功能锁定假说（Functional Fixation Hypothesis），认为投资者在决策过程中往往锁定于某种特定的表面信息，不能充分理解和利用有关信息来评估证券价值从而做出正确的投资决策。在证券市场研究中，“功能锁定假说”（Functional Fixation Hypothesis）是与“有效市场假说”（Efficient Market Hypothesis）相竞争的一种假说。EMH 认为证券价格能够充分、及时、无偏地反映一切可以公开获得的相关信息。

以会计盈余信息为例，市场对会计盈余信息的功能锁定体现为投资者只注意到名义的盈余数字，而对会计盈余的质量没有应有的关注，对具有相同会计盈余但盈余质量不同的公司的股票不能区别定价。如利润相同的两类不同行业的公司，一个是朝阳产业，一个是夕阳产业，显然朝阳产业公司的发展前景优于夕阳产业的公司，但市场却给这两类公司的股票以相同的定价。这是一种典型的与 EMH 相悖的“功能锁定”现象；投资者不能够“看穿”企业的财务报表，对企业价值做出了不充分和有偏差的估计。

Ijiri 等（1966）和 Jensen（1986）把“功能锁定”首先引入证券市场和财务分析中。但前者只是从一般性的理论上论述了企业管理决策中的功能锁定问题，后者采用“实验研究”的方法发现了功能锁定的一些证据，但他的研究设计遭到后人的指责。不过以上的研究都采用了“实验研究”的方法，测试对象为部分投资者，虽然它们都发现了支持 FFH 的证据，但这并不能直接导出市场不具有效率的结论，因为个人的功能锁定并不等于整个市场的功能锁定。与此同时，20 世纪 70 年代大量有关不同会计方法的价格效应的实证研究都支持 EMH 而不符合 FFH，即市场能够看穿财务报表，不同的会计方法不能欺骗投资者。例如 Beaver 和 Dukes（1973）通过对股票市盈率的研究，发现证券市场能自动调整不同会计方法导致的利润差异。

Hand（1990）提出了“扩展的功能锁定假说”（Extended FFH），他发现那些主要由个人投资者持有的股票在定价上存在“功能锁定”，而由机构投资者持有的股票不存在“功能锁定”问题。但是 Hand 的研究结论在证据上被 Ball 和 Kothari（1991）怀疑为“规模效应”，在立论逻辑上也遭到 Tinic（1990）的批评，因为 Hand 发现的所谓“扩展的功能锁定现象”意味着市场始终存在明显的套利空间，因而市场始终不能实现均衡，这很难让人信服。Chen 和 Schoderbek（1999）的研究目的在于检验市场能否对递延所得税调整额这种纸面上的暂时性利得做出价格上的反应，结果发现市场对其做出了正向的价格反应，这一证据支持 FFH。马芸、刘斌（2004）为探讨中国上市公司会计报表粉饰的市场传导效应，选取了有会计报表粉饰行为的上市公司为研究样本，并以没有会计报表粉饰行为的上市公司为匹配样本的基础上，按未预期收益的分布来分组检验研究样本和控制样本在会计报表公布日前后是否具有不同的市场反应，其研究结果表明，两组样本之间不存在统计意义上的明显差异，说明中国上市公司的会计报表粉饰有误导效应。究其原因他们解释为可能是由于多数投资者“幼稚”、集体的非理性和证券市场的不规范这些原因引起的“功能锁定”现象。

（2）信号理论

经济学中有一个基本问题，成为“柠檬问题”，即如果市场上的商品或服务质量存在不确定性，消费者往往将所有此类商品或服务视为平均或期望的质量，结果所有的商品或服务的价格都被调整以反映质量的预期，优质商品或服务则被劣质者逐出市场。该理论运用到会计信息质量上，可将会计信息作为特殊的商品看待。如果市场投资者不能有效鉴别高质量会计信息与低质量会计信息，则会计信息将被赋予平均质量预期，其结果要么证券被错误定价，要么原本提供高质量会计信息的公司进行逆向选择降低会计信息质量。解决这一问题的有效措施是进行“均衡分离”，即高质量的或有好消息的公司将通过传递信号，提供透明的信息将其与那些较次公司区别开来，这些公司的股票价格将会上涨，而那些不披露的公司则被认为是有不好的消息，其股价将会下降。

3.2.2　会计信息质量与资源配置效率

由于盈余持续性对融资效率和投资效率的具体作用机制存在较大的不同，因为，本节将主要对会计信息对资源配置的途径进行概括分析，而将盈余持续性对资源配置的具体影响分析放在第 4 章和第 5 章。

（1）信息不对称

信息不对称理论是信息经济学研究的一个重要内容，用以说明在不完全信息市场上，在交易双方存在的信息不对称分布对市场交易行为的影响，以及由此而导致的市场运行效率问题。约瑟夫·斯蒂格利茨、乔治·阿克洛夫、迈克尔·斯彭斯三位美国经济学家由于在“使用不对称信息进行市场分析”领域所做出的重要贡献于 2001 年获得了诺贝尔经济学奖。

传统经济学假设“经济人”拥有完全的信息，从而可以根据成本收益的比较来做出最优决策。但在现实生活中市场主体是不可能占有完全市场信息的。在交易双方拥有的信息不对称的情况下，拥有信息优势的一方就可能为牟取自身更大的利益使另一方的利益受到损害。阿罗（Arrow）将信息不对称区分为隐藏行动（hidden action）和隐藏信息（hidden information），这是按不对称信息的内容所做的分类。根据信息不对称发生的时间，可以将其分成当事人签约之前的信息不对称和当事人签约之后的信息不对称。事前的信息不对称常常导致逆向选择行为，也就是说，占据信息优势的一方利用信息优势来从事对自己有利，而对对方不利的事情；将信息不对称因素纳入经济模型，是现代经济学研究的基本要求。研究事前当事人之间博弈的信息不对称模型叫逆向选择（adverse selection）模型，主要涉及如何降低信息成本的问题。事后的信息不对称则会导致道德风险，也就是说，交易双方在签订合同后，具有信息优势的一方会利用信息优势来最大化自身的利益，而使另一方的利益受损，并不承担由此造成的全部后果。研究事后不对称的模型叫道德风险（moral hazard），主要涉及如何降低激励成本问题。无论是逆向选择还是道德风险都会造成社会资源配置效率的低下，因此，信息不对称理论的目标就是研究采取何种措施来解决逆向选择和道德风险，从而提高社会资源的配置效率。威廉姆森将事先的信息不对称与事后的信息不对称合并为更一般的信息阻塞的范畴（Williamson，1985），他最重要的机会主义（Opportunism）假设就是建立在该范畴的基础上。信息不对称理论重要的应用领域是企业理论和市场失灵，其中对企业理论的应用是与代理理论紧密联系在一起的。信息不对称过去被广泛运用于旧货市场（Akerlof，1970）、劳动市场（Rosen，1985）和保险领域（Rothschild 和 Stiglitz，1976），著名的模型有阿克莱夫模型（Akerlof，1970）、价格作为质量的信号模型（Salop，1977）、文凭的信号模型（Spence，1974）、保险政策的筛选模型（Rothschild 和 Stiglitz，1976）等。

信息是任何经济体制中决策和行动的最重要变量。信息的及时性、完整性和准确性是提高决策效率的关键因素。信息经济学的研究认为，交易双方的信息不对称将会导致事前的逆向选择和事后的道德风险两种非效率行为。前者导致资源的次优配置，严重时更会引起市场的关闭；后者会导致掌握信息优势者的机会主义行为，从而使得无法进行交易或者合作，降低了整个社会的产出。现代公司中广泛存在的所有权和控制权的分离，使得公司内部的管理层和公司外部的股东、债权人等利益相关者之间存在严重的信息不对称，作为契约集合的公司组织由此而面临着前述两种非效率行为，从而影响社会资源的有效配置。根据有效契约理论，契约各方有动力设计各种机制以减少非效率行为的发生，从而增进契约各方的福利。Healy 和 Paplepu（2001）认为公开会计信息制度就可以有效降低公司内外部之间的信息不对称程度，从而提高社会资源的配置效率。

信息不对称引起的逆向选择将造成公司资本非效率配置。当市场中投资者与公司管理者关于投资项目存在信息不对称时，投资者往往根据市场平均水平估计公司投资项目的投资收益，而这对于优质项目来说，融资成本较高，从而形成融资约束，可能导致优质项目因资金问题被迫搁置，这将造成投资不足；同时，对于劣质项目来说，融资成本较低，甚至较低的融资成本带来的收益可能超过项目的投资亏损，这又将造成过度投资。当投资者低估企业融资证券价值，同时，管理者无法把一个好投资机会的信息正确传递给外部投资者时，投资机会将不得不被放弃，从而造成投资不足。信息不对称引起的道德风险也将造成公司非效率资本配置。Jensen 和 Meckling（1976）指出，由于股权的有限责任，股东可以获得高风险项目带来的大部分收益，而避免承担项目失败时的成本，所以高负债公司的股东会激励对高风险项目过度投资。而 Myers 和 Majluf（1984）则发现，拥有风险债务的企业，股东将考虑到投资带来的收益全部或绝大部分可能只会为债权人所有，所以将导致净现值为正的项目不被接受，从而造成公司投资不足。Stiglitz 和 Weiss（1981）指出，当债权人预期到股东存在机会主义行为时，更高的利率补偿要求也会造成企业放弃一些原本可以接受的项目。

通常，一种类型的市场参与者（如卖方）可能知道一些有关交易资产的情况。而另一种类型的市场参与者（如买方）可能不知道一些有关交易资产的情况，这种情况下就可以称市场存在典型的信息不对称。

信息不对称广泛存在于证券市场之中，对证券市场的运行具有深刻的影响。严重的信息不对称会导致证券市场的无效率运行，扭曲证券市场资源配置的功能。比如，由于信息不对称，投资者出高价购买股票，但市场这一“看不见的手”并没有把具有较高价值的股票从卖主手里转移到买主手中，从而导致股票市场上的“劣币驱逐良币”。在这种情况下，具备信息的一方（上市公司）就会采取某种行动以克服信息不对称带来的不利影响，如上市公司主动预告好消息，进行信号传递（signaling），以表明自己良好的经营和财务状况。而对不具信息的一方，也会通过各种方法对上市公司发布的预测信息进行甄别，以做出购买—持有—卖出决策。信息不对称理论构成了我们研究证券市场和相关会计问题的出发点。信息不对称对财务会计理论的研究非常重要，其中的一个原因是证券市场面临信息不对称问题（Scott，2000）。财务报告可视为降低逆向选择问题的工具，通过它可以促进证券市场运转并减少其不完全性。信息不对称进一步促成了充分披露概念的形成。充分披露政策可以减少管理当局和投资者之间的信息不对称，增加可为公众获取的信息量。此外，充分披露的另一方面还表现为报告的及时性，以减少内部人借以从信息优势中获利的时间。

充分披露的外延非常广泛，其中以未来导向的财务信息（预测盈余信息）就是其重要组成部分。预测盈余信息的披露不仅可以减小管理当局和投资者之间的信息不对称，从而起到正确引导投资者投资行为的作用，而且可以大大减少内部人借以从信息优势中获利的时间。维护证券市场的有序运行。在我国，一方面由于证监会的惩罚机制迫使上市公司对未来导向的财务信息进行披露；另一方面，又受市场动力机制的影响，越来越多的上市公司自愿增加此类信息的披露，以正确引导投资者的投资行为。因此，本书研究的主要目的在于探讨上市公司披露的预测盈余信息的决策有用性。

（2）代理问题

现代企业是建立在所有权与经营权相互分离的基础上，出资人将其拥有的资产根据预先达成的条件委托给经营者经营，按出资额享有剩余索取权和最终控制权，经营者则在授权范围内，按企业法人制度的规则对企业财产行使占有、支配、使用和处置的权力。Jensen 和 Meckling（1976）将这样一种关系定义为委托代理关系，即“一种契约，在这种契约下，一个人或更多的人（委托人）聘用另一个人（即代理人）代表他们来履行某些义务，包括把若干决策权托付给代理人”。在代理理论中，委托人和代理人都是理性的经济人，以追求效用最大化为目标。但是作为代理人（经理人员）的利益函数与作为委托人（所有者）的利益函数是不一致的，股东的目标是企业价值最大化，经理人则追求较高的报酬和更多的闲暇，所以代理人往往会以牺牲委托人的利益为代价使自己的利益最大化，从而导致了代理问题的产生。

陆颖丰（2006）指出为了有效地缓解代理问题，委托人往往会通过订立各种契约的方式来监督和约束代理人的行为。一方面，许多契约的形成和考核都是建立在会计信息系统的基础上的，因而就必然要求经理人定期报告会计信息，而且信息透明度越高，契约约束的效果就越好。另一方面，这些契约的执行都是要耗费成本的，这些成本不但会降低投资报酬，还有可能降低经理的奖金、分红和其他报酬，“因为外部和内部的两种监督成本均强加于所有者和管理者共同承担……如果管理者本人能以较低的成本提供这些信息，预先答应承担提供这种报告的成本并请独立的外部审计人员来检验其准确性，对他而言是有利的”（Jensen 和 Meckling，1976），所以，管理当局也有动机主动披露信息以降低成本，而且信息越透明，代理成本就越低。

在代理关系中，企业管理者与所有者之间的关系是最重要的一个方面。在所有者与经理的委托代理关系中，许多契约的形成和考核都是建立在会计系统的基础之上，会计信息反映委托代理双方的权责关系。由于管理者与所有者的目标可能并不完全一致，所有者感兴趣的是投资收益最大化和证券价格最大化，而管理者主要通过雇佣契约来实现总体报酬最大化。在此种目标不一致的情况下，管理者为了追求自身效用最大化，可能做出损害所有者利益的行为。基于这种潜在的冲突，不直接参与经营的所有者为防止经营者的偷懒行为，必然要求经理定期报告的会计信息越透明越好，同时为使经理有足够的动力去选择有利于所有者的行为，他们愿与经理签订契约并订立一种事先确定的报酬机制。

委托代理理论很好地解释了管理层自愿向所有者报告的激励因素。所有权与经营权的分离，使所有者有必要对管理层执行契约的情况进行监督，进而产生监督成本。耗费的监督成本则有可能降低经理的奖金、分红和其他报酬，因此经理就有使监督成本保持最低的动机。自愿披露信息成为治理当局降低代理成本的一种手段，代理成本越高，治理当局披露信息的动机就越强烈。如果所有者认为会计报告可靠，那么代理监督成本就会被降到最低，同时好的报告会提升管理者的声誉并带来较高的管理报酬。但同时会计信息也可能成为管理者谋求个人价值最大化的工具，管理者未必会提供广大投资者所需的全部真实信息，可能会隐瞒真实信息提供虚假财务报告，从而产生会计信息失真。

代理问题也将造成公司资本非效率配置。这主要缘于管理者常常把企业作为私有利益、自我成就感等货币与非货币收益的来源。自有现金流代理假说指出，在公司所有权与控制权分离的情况下，掌握公司实际控制权的管理者常常把公司的自由现金流投入到能够为自己带来私有收益的净现值为负的项目，从而造成过度投资。商业帝国假说认为，规模大的企业不仅能够为管理者带来较多的非正常货币收益，还将为其带来较高的社会地位及荣誉感，企业管理者一般都有扩张企业规模的偏好，从而可能导致公司过度投资；职业防御假说指出，管理者在做投资决策时，对于其专长领域的项目，即使净现值为负，也将可能被接受，这样能够增强自身在企业中的不可替代性，尤其在面临收购风险时，公司过度投资将更为严重；而当管理者净现值为正的项目风险较高时，管理者由于担心项目失败而丧失对公司控制权，也可能搁浅对企业未来发展重要的投资项目，从而造成投资不足。上述研究文献表明，在信息不对称及代理问题作用下，公司将可能出现非效率的资本配置行为；但上述文献关注的是静态层面公司过度投资及其引致机制问题，而没有考虑企业生命周期过程中企业投资效率的动态变化。

（3）作用机制

Hayek（1941）指出，一般商品的价格越富有弹性，其归集和处理信息的能力就越强，其配置社会资源的能力就越高。实际上，市场经济机制的资源配置效率要高于中央计划经济就是因为在市场经济条件，价格可以充分反映资源的稀缺程度，而很难或者无法通过中央计划机构来确定一个比较准确的价格信息。对资本市场来说，也是如此。由此，Fama（1980）指出，“一个富有效率的资本市场能够无摩擦地实现其资本配置功能，证券价格就必须是其价值的最好指示器”，也就是说，将股票市场的信息效率等同于资本配置效率。但Tobin（1982）则指出，资本市场的信息效率与资源配置效率之间存在递进功能，而非平行等同。

Dow和Gorton（1997）更明确指出，虽然股票价格的前瞻性功能会增加公司经理人拥有的信息集，并具有激励经理人的回顾功能，有助于市场筛选出好的公司和项目，从而促进社会资源配置效率的提高；但资本市场的信息效率既不是资源配置效率的充分条件，也不是必要条件；即使资本市场是强有效的，其资源配置效率也可能是无效的。之所以如此，是因为股票价格的信息结构、形成机制和作用机理与一般商品价格的截然不同。CoPeland和 Weston（2002）认为，交易成本和不完全竞争的存在，使得即使在股价能够充分反映所有可得信息的情况下，某些行业的公司依然能够通过阻止其他公司进入来获得超额利润。虽然存在上述问题，但股价能够引导企业投融资，从而有助于社会资源配置效率的提高是毫无疑问的。Barro（1990）、Morck 等（1990）、Baker 等（2003）以及 Shleifer 和 Vishny（2003）等分别从理论和实证上研究了股价信息引导资本配置问题。

Bushman 和 Smith（2001）认为，会计信息的主要功能在于为公司经理人和其他利益相关人提供决策有用的财务信息；为那些寻找投资机会或者已经投资的人提供财务信息，帮助他们把有限的资源投入到利用效率较高的公司和项目中，从而实现社会资源的有效配置。结合前述股价的资源配置功能，本书认为会计信息主要通过两个途径来提高社会资源的配置效率：①会计信息帮助或者支持了股价的资源配置功能；②会计信息直接通过项目识别、提高治理效率和减少逆向选择来改进社会资源的配置效率。

在会计信息便利股票价格的资源配置功能发挥方面。财务报告系统提供的会计信息有助于形成正确的股票定价，如前所述，正确的股票价格信号是其发挥资源配置功能的前提条件。首先，会计盈余等会计信息是股票定价的基础（Ohlson，1995），盈余的变动是市场股价波动的先决条件（Holthausen 和 Watts，2001）；其次，高质量的会计信息便于证券分析师积极跟踪目标公司，从而加快和提高股价中会计信息的速度和程度（DeChow

等，1996）；最后，会计信息也有助于投资者从股票价格中筛选出非理性的信息（Frank 和 Lee，1998）。实际上，徐晓阳（2001）认为，资本市场上的股价和会计信息之间同时存在前者超过后者，后者有支持前者的现象。

会计信息还可以通过项目识别、提高治理效率和减少逆向选择来直接提高社会资源的配置效率。本书在 Bushman 和 Smith（2001）、徐晓阳等（2001）、李青原（2009）基础上，并结合本书对资源配置效率的定义构建了一个修正的会计信息引导资源配置图（图3－1）。

具体分析如下。首先，会计信息通过支持股价的资源配置功能来间接提高社会资源的配置效率（见图3－1中的3）；其次，会计信息通过降低信息不对称（见图3－1中的2）和项目识别（见图3－1中的1）两个途径来直接提高资源配置效率。

在项目识别的情况，不涉及企业各方的利益冲突，就仅仅提供项目的决策信息增量从而提高项目决策的正确性，此时会计信息只发挥信息自身的决策有用性功能，而与交易各方的利益冲突无关（图3－1中的①）。

在存在信息不对称的情况下，会计信息可以通过两种途径（图3－2中的2A和2B）来发挥资源配置的功能：首先，在企业和外部投资者之间存在信息不对称（2A）时，通过减少内外部人员之间的信息不对称，来降低资本成本（图3－2中的②），此时同时包括考虑和不考虑企业管理层的代理问题两种情况。其次，在企业管理层和股东之间存在信息不对称，并且存在代理问题时，会计信息通过改善公司治理机制来改善企业的投资决策（图3－1中③）和融资决策（图3－1中的④），从而提高资源的配置效率。当然，无论是降低信息不对称从而减少逆向选择还是改善公司治理机制所提高的融资效率都有助于投资效率的提高

(图 3 - 1 中的⑤)。

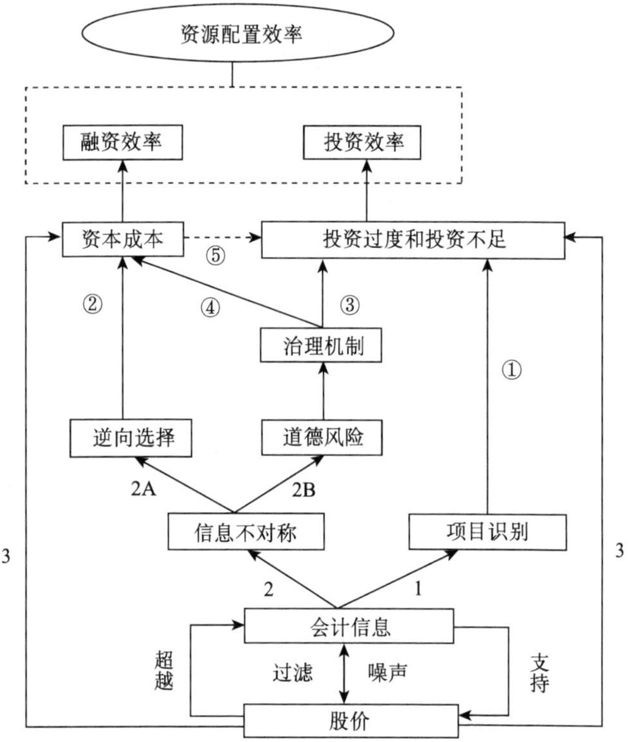

图 3 - 1　会计信息引导资源配置的机制图

对大部分投资者而言，会计信息是他们获取企业管理者管理行为效率与效果信息的主要并且是有效的途径，高质量的会计信息往往就意味着高管理效率与效果投资者对会计信息质量的关注对管理者起到了有效监督作用，这又会影响管理者的投资决策，进而影响所筹资金的使用效率。高质量的会计信息使公司更透明、更好地被监督，从而激励管理者做出更好的资本预算决策，促进资源在企业内部的有效配置和改进所筹集资源的使用效率。

有关研究表明，会计信息质量会对机构投资者的投资决策产生影响，机构投资者更倾向于向信息透明的公司投资。机构投资者的加入会加大个体投资者的投资信心，企业无须耗费太多精力与金钱来吸引投资者，这无形中降低了企业的筹资成本。另一方面讲，如果管理层发布了低质量的会计信息来试图掩盖经营投资决策失误的后果，则市场一旦识别将会做出迅速反应，反而加大企业的筹集成本，这又将会督促管理者重视投资决策的效率与效果。

3.2.3　融资优序理论

西方融资优序理论，进一步指出，相对于投资者而言，管理层拥有信息优势，公司在获得新的股权融资时，必须付出信息差异对投资者造成的风险补贴，这大大增加了股权融资的成本。公司进行的低风险债券融资能降低融资成本。因此，公司内部积累优于债务融资，债务融资优于股权融资等的实证研究结果倾向于支持融资优序理论判断。我国学者黄少安、张岗和肖泽忠、邹宏则认为，由于我国上市公司股权集中度普遍较高，国有股和法人股比例较大，任何接管都很难绕开上市公司控股股东，而且通常情况下还要经过政府批准，所以额外发行股份的稀释作用导致股价下跌不会引发控制权的转让，这使股权融资不仅能避免债务融资可能造成的现金流压力，而且基本不用支付额外的代理成本，实际成本远低于债务资本，上市公司普遍具有股权融资倾向。由此，我们认为我国上市公司股权融资选择大大降低了企业综合资本成本，即高权益资本比率能够降低资本成本、进而提高资本的投资效率。

近年来，上市公司股权再融资的增长速度非常快，在整个证券市场的融资规模中占有相当大的比重。从 1991 年起截至 2004

年8月底，我国A股市场共筹集资金7930.05亿元，其中仅配股就筹集资金2289.87亿元，增发839.06亿元，两者之和占到总筹集金额的40%。增发与配股在股票市场融资中的重要地位反映了我国上市公司的强烈的股权再融资偏好。

我国上市公司存在强烈的股权再融资偏好是不争的事实，主要表现在：①从再融资方式来说，上市公司具有充分利用政策实现股权再融资规模最大化的动机。上市公司总是选择最容易的股权再融资方式实现融资规模的最大化，先后经历了配股—增发—可转债三种主要再融资形式。②符合股权再融资条件的上市公司大多不会放弃再融资的机会，不符合股权再融资条件的上市公司也会创造条件进行股权再融资。③上市公司会充分利用政策实现股权再融资规模最大化，如提高配股、增发和转股股价来达到扩大融资规模。④在股权融资中，股权再融资所占比重较大，其规模几乎与IPO发行规模相当，至2003年年末上市公司股权再融资筹集资金超过3277亿元，已成为上市公司重要的资金来源渠道。⑤债务融资的比例很低，表现为上市公司资产负债率低于非上市公司，且不断下降。

企业自由现金流量的增加可以增加经理层的效用。从委托代理理论角度来看，股东和企业经营者各自具有自身的最大效用函数，两者利益经常出现冲突，经营者可能为了自身利益而牺牲股东利益，如享受在职消费好处、不努力工作等，这就产生了道德风险问题。大量研究表明我国上市公司经理层的货币报酬与公司经营业绩关联度较低（袁国良等，1999；魏刚，2000），为此，经理层为了自己的利益，努力追求在职消费，而在职消费的多少又取决于企业的“自由现金”（free cash）。由于债权融资相对于股权融资来说是一种硬约束，需要定期还本付息，因而会减少管理者可支配的现金流量，可能使得自由现金枯竭，债务融资过多还可能产生财务危机成本，并且增加企业的破产风险，而一旦企业破产，经营者就无法享受在职消费的好处（Jensen，1986；Hart，1995）。显然，两者相比较，经理人更偏向于股权融资而厌恶债权融资。经理层对控制权的偏好，使得他们偏向于选择股权融资。控制权理论认为：企业融资结构在决定企业收入流分配的同时，也决定了企业控制权的分配。在现实世界中，完全的契约是不存在的，剩余控制权的分配就变得非常重要，企业融资结构的选择问题就是企业控制权在不同的证券持有者之间的分配问题。经理人在通常情况下是不会从股东的最大利益出发的，因此他们必须被监督和约束，债务作为一种外部治理机制，具有“硬约束”性。这一理论给我们的启示是：从一个对企业控制权有偏好的经理人来说，企业融资结构的顺序是内部融资—股权融资—债权融资。根据上述理论，在我国，一方面公司债券市场很小，银行借款是债务融资的主要方式。另一方面，国有股占绝对控股地位，发行股票对股权的稀释作用十分有限。因此，作为内部人的经理人，在面对银行融资和股权融资两种选择时，自然会倾向于控制权损失更小的股权融资方式。经理人市场和控制权市场的缺失，加剧了经理层的股权融资偏好。当存在成熟的经理人市场和控制权市场时，经理人如果经营不善，就有可能被替换，甚至可能致使企业被兼并或收购，这样，对经理人来说，不仅完全失去了控制权收益，而且会导致不良声誉，经理人代理行为的成本就增加了。因此，有效的经理人市场和控制权市场可以减少经理人首先风险的发生。在我国，企业的破产机制尚未完全建立，经理人市场和控制权市场也并不成熟，使上市公司管理层缺乏必要的监督和约束，加剧了股权融资偏好现象。

第4章 盈余持续性、管理者感知与投资效率

4.1 引言与制度背景

上市公司业绩预告是指上市公司在会计公告日之前，对报告日的业绩情况进行提前预告的一项制度。业绩预告信息是关于上市公司未来经营成果、财务状况与现金流量的预测性信息。预测盈余作为预测主体（上市公司）对其未来的某个或几个会计期间的经营成果所做的预计和测算，是一种事前信息，这一信息的披露旨在为投资者提供更具决策有用性的信息。

有关盈利预测的制度背景，主要反映在两个方面：一是对盈利预测实行自愿披露还是强制披露的政策规定；二是对盈利预测误差的政策规定。

作为信息披露的一个重要组成部分，西方国家的上市公司主动向投资者提供盈利预测的现象已经非常普遍。从总体上讲，大多数国家或地区都对盈利预测采取自愿披露政策。与发达国家相比，我国对上市公司盈利预测的披露则经历了从强制性到自愿性的监管过程。长期以来，我国证券一级市场一直对 IPO 盈利预测实行强制披露政策，并在相当程度上将预测值与新股发行价格相联系。但随着 2000 年 3 月新股发行核准制的正式确立，监管部门对 IPO 盈利预测转而实行自愿披露政策。一级市场中，2001 年前，证监会要求首次上市的公司在招股说明书或上市公告书中披露其盈利预测信息。2001 年后不再强制要求上市公司提供盈利预测信息。制度的变化为上市公司信息披露的自由选择提供了一定空间。作为一种典型的发行者行为选择，在自愿披露制度背景下，上市公司对是否披露盈利预测的决策逐步呈现出差异性。

二级市场中，1998 年以前，中国极少有上市公司进行年度盈余预告（或预测盈余公告）。同时，也没有专门的证券分析机构或分析师对上市公司做连续、全面、具体的盈余预测。1998 年开始，证监会颁布的《关于做好上市公司 1998 年年度报告有关问题的通知》，要求预计连续 3 年亏损或当年有重大亏损的公司要及时履行披露义务，以减轻上市公司与投资者之间的信息不对称，降低年报披露期间的股市波动；2001 年起要求业绩大幅度波动，包括利润总额与上年相比下降或上升 50% 以上的公司都应预先公告，盈利预告开始从单一的预亏逐步发展到预警、预亏、预盈和预增等多种形式；2002 年起要求上市公司在季报中对累计净利润可能为亏损或者与上年同期相比发生大幅度变动的，应予以警示并说明原因。2003 年 3 月 26 日发布的关于印发《公开发行证券的公司信息披露编报规则第 13 号——季度报告内容与格式的特别规定》（2003 年修订）的通知进一步强调，公司如果预测年初至下一报告期期末的累计净利润可能为亏损或者与上年同期相比发生大幅度变动，应当予以警示并说明原因。同样，证监会2003年6月24日发布的关于印发《公开发行证券的公司信息披露内容与格式准则第3号——半年度报告的内容与格式》（2003年修订）的通知同样进行了强调，公司管理层应当将报告期实际经营成果与招股上市文件或定期报告披露的盈利预测、有关计划或展望进行比较。说明完成预测或计划的进度情况。公司管理层如果预测本年至下一报告期期末的净利润可能为亏损或者与上年同期相比发生大幅度变动，应当予以警示。2005年中国证监会修订了《公开发行股票信息披露的内容与格式准则》第2号（年报准则）。新准则在要求上市公司于2005起年报中增加管理层讨论与分析，同时要求在管理层讨论与分析中必须披露新年度的经营计划，包括（但不限于）收入、费用成本计划，及新年度的经营目标等较为详细的预测信息。该制度的实施，旨在减少年度会计报告正式发布之前股票价格的波动，降低股票市场的信息不对称状况，保护投资者（尤其是中小投资者）的利益。

业绩预告制度的实施，是监管部门强化市场监管、改善信息披露质量的有益尝试，对提高我国证券市场效率、保护投资者利益均具有非常重要的意义。业绩预告政策的执行提高了上市公司信息披露的透明度，减小了资本市场信息不对称性，及时反映了公司业绩的特殊情形，有助于资本市场的稳定，提高了市场的公平性（杨书怀，2010）。有研究认为，上市公司业绩预告制度有助于减少少数人通过散布虚假业绩信息扰乱股票市场的行为，也有利于减少业绩信息的提前泄露造成内幕交易的现象，通过提升上市公司的信息透明度、提高市场信息获得的公平性，达到保护中小投资者利益的目的。

在我国证券市场，超过20%的误差被认为是重大误差。1990年12月26日证监会发布的《关于股票发行工作若干规定的通知》中规定，若年度报告的利润实现数低于预测数10%—20%，发行公司及其聘任的注册会计师应在指定报刊上做出公开解释并致歉。若低于预测数20%以上，除要做出公开解释和致歉外，中国证监会将视情况实行事后审查，对有意出具虚假盈利预测报告、误导投资者的，将依据有关法规对发行公司进行处罚。1997年9月10日《中国证监会关于做好1997年股票发行工作的通知》再次强调规定，凡年度报告的利润实现数低于预测数20%以上，除要公开做出解释和致歉外，还将停止发行公司两年内的配股资格。2000年4月30日证监会发布《上市公司向社会公开募集股份暂行办法》，同样提到对于高估利润达20%的公司，证监会将给予处罚。新股发行实行核准制以后，中国证监会在2001年3月发布的《上市公司新股发行管理办法》对增发和配股公司盈利预测做出了同样的规定：对于利润实现数未达到盈利预测的，公司应当公开道歉，中国证监会对有关上市公司给予公开批评。自做出公开批评之日起2年内，不再受理该公司发行新股的申请。从上述规定可以看出，预测误差达到20%被认为是重大误差。

4.2　理论分析与研究假设

4.2.1　盈余持续性与管理层预测误差

在理性预期下市场参与者对未来的预测不仅根据过去的记录，而且还会搜集与预测相关的信息。理性预期的概念强调，在正常情况下，人们在做出经济决策时不仅仅根据过去的经验，而且还根据可以得到的信息对经济变量的未来变动做出正确估计，即主观概率分布的期望值与客观概率分布的期望值相一致。这包含着两个层面的含义：其一，这并不意味着个体的预期都是正确的，而是总体上主观和客观相一致；其二，主观和客观预期相一致是从长期来看，并不是每个时点都是一致的。虽然非盈余会计信息也是价值相关的信息，但通常认为盈余信息是预测未来现金流量的重要信息。这是因为会计盈余是一定期间内公司经营成果的集中体现，是投资者据以预测公司未来现金流量的重要指标，盈余质量的高低对管理层的决策有重要影响。盈余信息的不确定性可能会导致未来现金流量的更大不确定性。若从会计信息角度来看，这可能是因为会计盈余的主观计量引起的盈余信息含量不同，影响管理层对未来现金流量的预测能力。盈余的持续性对管理层预测有着重要影响。盈余的持续性是指盈余在未来期间重复发生的概率。根据重复发生概率的大小，可将盈余分为永久性、暂时性和价格无关盈余。永久性盈余的持续性最高，类似于永续年金，在未来会计期间持续发生。这类盈余的当期盈余增长具有持续性，在可以预期的未来，盈余将以相同的金额发生变化。暂时性盈余的持续性最低，在未来期间不会发生，仅影响当期。这类盈余具有特殊性、偶发性和非经常性的特点。管理层对公司盈余的了解越多，越有助于降低他们对公司未来现金流量估计的不确定性，预期未来现金流量分布的离散程度降低（风险降低）。因此，本书提出假设：

假设 4.1 盈余持续性与管理层预测误差呈现负相关关系。

4.2.2 会计信息质量与投资效率

当前直接研究盈余持续性与投资效率关系的文献不多。实际上，直接针对会计信息质量与投资效率的研究都是最近才受到广泛关注的（Wang，2003；Biddle 等，2006；李青原，2010；张林，2010）。

Bushman 和 Smith（2001）的经典文献指出：从会计的视角进行公司治理研究的主要目标是研究财务会计系统提供的信息在何种程度上可以缓解管理层与外部投资者分离所导致的代理问题，又能在多大程度上便于稀缺的人力和财务资本高效地流向好的投资项目。因此，会计信息应该会影响企业投资效率的高低。此后，才开始陆续出现直接检验会计信息质量与投资效率关系的文章。

前期文献表明，会计信息的披露数量和质量会影响企业的投资决策。Kanodia 和 Lee（1998）的数学模型证明，会计披露（业绩报告）有助于将管理层的私人信息传送到资本市场，从而提高企业投资效率，而减少了投资扭曲。Perstberg（2005）、Chari 和 Henry（2008）等为信息披露与企业投资之间的关系进行了理论分析。Baranchuk 和 Yangz（2005）发现激励契约机制降低了由信息不对称所导致的企业非效率投资行为，但如果法律体系难以提供事前的约束，则激励契约机制则常常难以得到充分地实施。他们发现：单独披露管理者契约并不能解决 Myers - Majluf 模型中的激励问题，而盈利预测则可以有效解决这个问题。Perstberg（2005）建立了强制披露和自愿披露模型，从理论上论证了强制信息披露有助于提高企业的投资效率。

Wang（2003）直接利用 Wurgler 模型和 Richardson 模型来度量公司的投资效率，以美国 1967—2000 年间的上市公司为样本，研究发现行业与公司层面的投资效率均与会计信息质量显著正相关。Durnev 等（2004）运用边际托宾 Q 度量公司投资效率，运用美国上市公司行业数据的研究发现：股价中的上市公司行业特质信息与公司投资效率显著正相关。Sun（2005）运用 Wurgler（2000）来度量企业的资本配置效率，检验了 23 个国家的财务报告质量与资本配置效率之间的关系，结果发现：高质量财务报告可以提高资本配置效率，但会随着债务（权益）融资的增加而减少（增加）；而且一国的政治、经济和法律制度会影响该国的资本分配效率，权益融资企业从高质量的财务报告准则中受益更多。Risberg（2006）同样采用边际托宾 Q 度量公司投资效率，以欧洲 9 个国家的 1990—2003 年间的上市公司为样本，研究发现：盈余及时性和投资效率呈先凸后凹的关系。Biddle 等（2009）以美国 1980—2003 年间的上市公司为样本，研究发现：高质量会计信息减少了公司层面的投资过度和投资不足，提高了企业的投资效率。McNichols 和 Stubben（2008）以 1978—2002 年间的美国上市公司为样本，研究发现，受到美国证监会调查、股东起诉和进行财务报表重述的三类公司在财务报告错误期存在大量过度投资；而在错误报告期后，这些公司的过度投资行为又消失了，因此，错误财务报告信息的纠正可以提高企业的投资效率。

国内方面，张林（2010）以 2004—2007 年的上市公司为样本，研究了盈余质量对投资效率的影响路径和作用机理，结果发现：盈余质量的改进一方面可以直接提高公司的投资效率，另一方面也可以通过降低代理成本来提高企业的投资效率；特别是在投资过度的公司中盈余质量对投资效率的影响尤其明显。李青原（2009）采用应计质量、盈余平滑性、会计稳健性、会计信息质量指数等多种方式来衡量会计信息质量，以 Richardson（2006）模型来度量投资效率，实证检验了会计信息质量对公司投资效率的影响，结果发现：会计信息质量与公司投资不足和投资过度显著负相关，即高质量的会计信息有助于减少企业的投资不足或者投资过度等非效率投资；但不同的信息质量对投资效率的影响不一致：应计质量和盈余平滑性与投资过度和投资不足的负相关性最强。李青原（2010）在前期研究的基础上，从代理问题的视角研究了终极控制人性质、会计信息质量与公司投资效率之间的关系，结果发现：会计信息质量与上市公司的过度投资显著负相关，并且这种相关性不受企业终极控制人性质的影响；同时，会计信息质量与上市公司的投资不足也显著负相关，但这种负向关系受到企业终极控制人性质的显著影响，具体说，会计信息质量对投资不足的治理效应在私有产权公司比较明显，而在国有资产管理部门、地方所属国有企业控股上市公司和中央直属的国有企业中，会计信息质量与投资不足之间的负相关不显著。因此，国内外的理论与实证证据均表明：高质量的会计信息有助于减少投资过度和投资不足的非效率投资，从而提高企业的资源配置效率。

通过对上述文献的进一步分析我们可以发现：尽管投资不足和投资过度都既可能来自代理问题又可能来自于融资约束；但实际上，对于投资过度来说，主要来自于代理问题，而对于投资不足来说，主要来自于资金可得性和高成本所造成的融资约束。因此，会计信息对投资效率的影响主要通过两条途径来发挥作用：（1）提供各种信息以更好、更有效地发挥公司中的各种公司治理机制，从而降低企业代理问题，进而提高企业的投资效率，具体包括：业绩考核、高管变更等；（2）提供各种信息以降低企业资金供求双方的信息不对称程度，从而降低企业资金成本和资金获取难度，进而提高公司的投资效率。盈余持续性作为高质量会计信息的重要特征，也必然会从上述两个途径对企业的投资效率产生影响。我们认为，高持续性的盈余在改进企业投资效率的这两个途径上可能发挥作用。因此，本书提出假设：

假设 4.2：与盈余持续性较差的企业相比，盈余持续性较好的企业的投资—ROA 敏感度更高。

4.2.3 管理层盈余预测与投资者的市场反应

年度盈利预测是公司对下一年度的经营成果所做的与几何测算，反映了企业在新年度可能达到的财务指标，它具有高度不确定性，高效的盈利预测信息有助于投资者、债权人做出合理的投资决策，消除存在于公司管理当局与外部信息使用者之间的信息不对称，若盈利预测有效性低下，则可能误导投资者，对证券市场的公平有效产生负面影响。

（1）管理层盈余预测对投资者决策的有用性，即是否具有信息含量

由于盈余预测信息反映了公司未来盈余的重要特征，早期的研究多关注于管理层盈余预测对投资者决策的有用性，即是否具有信息含量。研究结果表明，管理层盈余预测确实具有信息含量（如：Patell，1976；Penman，1980）。由于在美国业绩预告和业绩快报是自愿性披露，根据一般假说：管理当局会选择或提前披露好消息、隐藏或延迟披露坏消息，所以很多文献探讨了管理当局自愿披露盈利预告和业绩快报的动机和选择时机，但不同的研究之间因为样本、研究区间、研究方法不同等原因得出了相互矛盾的结论。

早期对盈利预测市场反应的研究以 Ajinkya 和 Gift（1984）等人为代表。他们验证了管理层预测具有信息含量。特别是管理层预测的发布与收益的巨额变化相关，管理层未预测到的盈利部分与预测期证券的回报正相关。这些研究也证明了在管理层预测误差与公司股价之间存在着对称关系。结论显示，市场对于正盈利预测误差出现股价上扬，而对于负预测误差则会出现股价下

跌。Foster（1973）证明了业绩快报具有信息含量，在业绩快报公布后股价快速调整，基于快报数据的交易策略不再获得超常报酬。Penman（1980）、Waymire（1985）等研究了管理当局盈利（业绩）预告与股价之间的关系，结果表明盈利预告具有信息含量，Coller 和 Yohn（1997）证明了盈利预告后信息不对称的状况有所改善，从而表明盈利预告具有信息含量。为了进一步分析市场对不同属性预测信息的反应情况，研究者将管理层盈利预测区分为超过市场预期的好消息与低于市场预期的坏消息，研究发现预测坏消息的频率不仅显著高于好消息，坏消息所引起的市场反应也表现得更为显著（Skinner，1994）。另外，坏消息也被认为具有更丰富的信息内涵，而好消息只有在同时伴随能证实的前瞻性信息时，市场才会有较为显著的反应（Hutton 等，2003）。

（2）预测信息的特征与市场反应

在确定管理层盈余预测具有信息含量以后，后续的研究更多的是将预测信息的特征与市场反应的研究结合起来，以观察二者之间的关系。理论分析认为，预测信息的精确度会影响股票市场的反应，但经验证据并不完全一致。随后的研究开始努力去解释市场对盈利预测误差大小的不同反应，检验具有不同误差程度的管理层预测与证券价格变动的关系。一些研究发现，点预测相比于其他类型的预测更具信息含量（Baginski 等，1993）。Baginski 等（1993）验证了股价反应程度与管理层预测误差大小之间存在正相关关系。Baginski 等（1994）探讨了业绩快报的股价反应和公司披露时间的选择，研究结果不支持管理当局更喜欢或提前披露好业绩快报的假说。另一些研究却发现，市场对预测信息精确度的反应并无明显的条件差异（Pownall 等，1993）。Pownall 等（1993）在经过统计检验后得出结论：盈利预告具有信息含量、盈利预告的信息含量小于盈利公告、不同盈利预告形式之间不存在显著差异、中期预告比年度预告更富有信息含量。另一些研究如 Skinner（1994）和 Dempsey（1989）则指出，股价对盈利预测误差的反应程度同样与诉讼责任、财务分析师的跟随数量和盈利预测的相关规定有关。Clarkson 和 Richardson（1992）比较了管理层“好消息”和“坏消息”公布时间窗口为 3 天时的每股收益，他们发现，坏消息和好消息的非正常报酬率（CAR）分别为 -4.31% 和 2.10%，但统计上的显著性并不相同。这种反应上的差异意味着坏消息预测的发布在更大程度上解决了信息不对称问题，更具有可信度。Skinner 和 Sloan（2000）也得出了类似的结论，认为与正盈利预测误差相比较，负误差的市场反应更强烈。Evans 和 Sridhar（2001）用 1983—1998 年 73151 份季报作为样本，检验了正负盈利预测误差之间的市场反应，发现了与 Skinner 和 Sloan 相似的结论：市场对负盈利预测误差的反应更加强烈。Kasnick（1999）用价格回归的方法，得出收益不仅对误差规模大小有反应，而且对高估或低估的方向直接产生反应的结论。如果将研究范围界定在招股说明书中的管理层盈利预测，以 Firth 和 Snilth（1992）为代表的大量研究证明，管理层预测具有典型的乐观主义倾向，上市公司在上市后第一年大都未能达到盈利预测的目标。基于这种认识，市场会认为在平均水平上，IPO 公司实际盈利比预测盈利要低。这种预期很有可能在预测误差被公布之前，就成为股价变动的影响因素。从这一点出发，学者预计正盈利预测误差宣告会体现出更大程度的信息不对称，因为市场会用正的超额收益作为对 IPO 公司战胜盈利预测的回报。

（3）我国的研究

我国学术界在管理层盈余预测动机与经济后果的研究领域上，研究视角较为狭窄、研究成果相当匮乏，这与我国原有的制度背景有一定的关联性。作为一个转轨经济的国家，无论是市场制度还是经济环境都易发生较大变化，因而，原有的研究结论有必要进行更深入、细致的分析。考虑到自愿性盈余预测制度在成熟资本市场的认可与普及，以及以台湾为代表的高速发展的新兴市场在这一制度上的重大抉择与转变，大陆的盈余预测制度及相关法规将会逐渐与成熟市场趋同，同时，随着我国证券分析师行业的壮大，势必会为管理层盈余预测这一领域的研究提供许多新的契机。

与国外制度不同，我国盈余预测制度变迁过程中更多体现的是强制性的披露特征，管理层的预测行为主要是在制度的驱动下产生，因而学者们对管理层的自愿性预测动机的研究鲜有涉及。叶少琴和胡玮（2006）以我国 IPO 公司的自愿性盈利预测为研究对象，研究表明好消息的预测期间越短，公司自愿披露预测信息的可能性越大。张翼和林小驰（2005）以业绩预告为研究对象，探讨了公司治理结构对管理层自愿披露盈余预测的影响，研究发现，地方国有企业和非国有法人控制的公司更不倾向于提供盈余预测（或预告）；而中央部委和地方政府控制的公司更倾向于提供盈余预测（或预告）。秦玉熙（2004）则更为明确的探究了我国 IPO 公司盈余预测自愿披露意愿减弱的原因，认为市场效率问题是导致我国上市公司自愿披露不足的根本所在。由于我国管理层盈余预测的制度背景主要是强制性披露特征，因此以市场反应为代表的政策实施效果研究成为学者们关注的重点。薛爽（2001）最早对我国上市公司业绩预告中的预亏效应进行了实证研究，结果表明样本公司在发布预亏公告时披露效应显著。薛爽（2001）对 1998 和 1999 年度共 133 份公司预亏公告的市场反应进行了实证研究，研究结果表明：样本公司在发布预亏公告时市场反应显著，但预亏公司在年度报告公告时股价与未预期盈余之间无显著相关关系。薛爽（2001）对 1998 年度和 1999 年度共 133 家预告亏损的 A 股上市公司进行了实证研究，研究股票价格在预亏公告前后是否有显著的市场反应。该文还考察了亏损公司对预亏时间的选择和市场对此的反应。研究结果表明样本公司在发布预亏公告时披露效应显著，股价在［-1，+1］窗口中平均下降了 5.98%。预亏公司在年报公布时股价波动与未预期盈余之间无显著相关关系，由此可见，“亏损”这一“坏消息”在公司发布预亏公告时大部分被市场消化了。1999 年预亏公告在［-1，1］窗口内的披露效应小于 1998 年的平均水平，因为投资者通过学习会认为 1999 年亏损的公司也会像 1998 年亏损的公司那样借助重组概念来走出亏损的阴影，从而淡化了预亏这一“坏消息”。另外，1999 年上市公司被要求按新的会计方法计提资产减值准备，投资者对新的会计方法对企业账面利润的影响有所预期，亏损信息可能更多地在预亏之前就反映在股票价格中。对于连续亏损公司，投资者会根据上年的盈利情况对当年的盈余做出预期，所以连续亏损公司预亏公告的披露效应小于非连续亏损公司。作者还用多种计算超额报酬率的方法进行了检验，各种方法所得的数值有些差异，但不影响结论。除此之外，作者还分析了上市地点、亏损原因、所在行业、流通股比例和前三大股东的变化对预亏披露效应的影响。这些因素都不影响预亏公告披露效应的显著性。郭菁（2002）以 2000 年和 2001 年公布过中期预亏、预警公告的公司的中期报告为样本对预亏、预警公告的市场影响进行了检验。结果发现：①2001 年公布过中期预亏、预警公告公司的中期盈余没有信息含量，2000 年预亏、预警样本的盈余反应系数和盈余对股价的解释力度（调整的尺）均小于其未公布预亏、预警公告的样本。②在加入预亏、预警公司样本之后，2000 年和 2001 年的盈余反应系数明显下降。研究结论表明，中期预亏公告和预警公告已经向市场传递了新的信息。由于文章研究的目的主要是评价我国上市公司中期报告中盈余的信息含量，因此该文中研究预亏、预警公告信息含量的方法是间接的，无法直接定量测定预亏、预警公告的信息披露效应。随后，许多学者选择不同类型的预告、不同年度的样本进行了类似的研究（洪剑峭等，2002；蒋义宏等，2003；戴德明等，2005），研究结果较为一致：市场的反应较为显著，显示我国的业绩预告制度具有政策的实施效应。洪剑峭和皮建屏（2002）对1998—2001年业绩预亏和业绩预警制度的实施效果进行了实证研究，研究结果表明业绩预警制度取得了一定效果，是非常必要的，但应当进一步完善。洪剑峭和皮建屏（2002）研究了亏损预告制度的实施效果。他们选取的样本分为两部分：一部分是1998—2000年报中，根据2001年新的业绩预警制度进行“追溯”应该预警的217家公司；另一部分是2001年中报中符合亏损预告条件的68家公司，包括发布了亏损预告的公司以及应该预亏但没有预亏的公司。对第一部分样本，作者采用了回归分析的方法以排除年报中会计收益以外信息的干扰。研究结果表明：在2001年新的业绩预警制度实施前，业绩大幅下滑的公司在年报披露日附近，市场会做出较为强烈的反应，这些公司在年报披露日存在着非常明显的小于零的超额报酬率。若没有实行跌停幅度的限制，股市的波动可能更为剧烈。而且从2000年来看，这种反应的期间效应更加明显加大。作者据此认为业绩预警制度是非常必要的。对第二部分样本的实证结果表明：从2001年中期亏损预告样本在披露前后的超额报酬率，与这些样本中报披露前后的超额报酬率进行比较，可以发现亏损预告具有非常明显的提前释放风险的作用。值得关注的是亏损预告披露前具有较为明显的市场预期效应，亏损公告披露的前一交易日尤为明显。蒋义宏、童驯和杨霞（2003）研究了A股上市公司2001会计年度业绩预警公告披露前后的市场反应，研究范围进一步扩大到业绩发生亏损、大幅下降和大幅上升的公司，研究结果表明市场在业绩预警公告前后会做出反应，公告类型与公告前后平均累积超额报酬率之符号及高低，有逻辑上合理和统计上显著的相关性，公告前股票市场投资者能够对上市公司会计收益的大幅增减或者亏损做出理性预期，公告后能够显著改善股票市场投资者与上市公司经理人及大股东之间的信息不对称。公告前后的市场反应说明，虽然公告未披露会计收益较上年增减以及亏损的估计金额。但业绩预警公告仍然是具有信息含量的。会计收益较上年度大幅增加或者亏损的信息是有用的。但该文没有对预测盈余信息的有用性做更深入的研究，没有对ST和非ST公司预测信息披露的市场反应，季度报告中预测盈余信息的有用性以及上市公司预测信息的“变脸”行为进行研究。由于文章研究中仅选用了一年的数据，因而也不可能进行分年度的对比研究。乌静君（2003）运用事件研究法实证分析了上市公司业绩预告对股价的影响，检验结果证明业绩预告具有积极作用。宋璐和陈金贤（2004）选取2001年新预告制度实施后，截止到2003年1月20日，沪深两市A股市场发布业绩预告信息的664家公司进行实证研究，证实了上市公司年度业绩预告具有信息含量，股价对信息披露存在提前反应。杨德明和林斌（2006）以2001—2003年A股市场发布年度业绩预告的377家公司为样本进行实证研究，发现业绩预告引起了显著的市场反应，尤其对坏消息的反应更为强烈。姚秋和刘聪川（2009）以2004年度沪深证券交易所A股上市公司发布业绩预告的公司为研究对象，采用logit模型，对业绩发生剧变公司的业绩预告特点、影响因素以及业绩预告对股票价格的影响进行实证研究。他们的研究结论认为，在年报披露期间，业绩预告披露与否对异常收益率有显著影响，业绩预告在一定程度上削弱了年度财务报告信息对股票价格的利空、利好效应。因此，本书提出假设：

假设4.3 与管理层预测误差大的企业相比，管理层预测误差小的企业的投资—ROA敏感度更高。

4.3　实证研究设计

4.3.1　变量定义

（1）盈余持续性

Kormendi和Lipe（1987）从经典的现金流量折现计价模型出发，推导出盈余持续性对股票价格的影响机制。Kormendi和Lipe（1987）的分析基于以下三个假设：①股票价格是投资者未来收益（Future Benefits）的现值；②未来盈利（Future Earnings）变动的现值接近（Approximate）未来收益的现值；③盈利单变量时间序列模型接近市场预期。

经典的计价理论认为，股票的价格是未来预期现金流量的现值：

$$P_t = \sum_{s=1}^{\infty} \beta^s (E_t CF_{t+s}) \tag{4-1}$$

这里，CF_t是t期投资者具有索取权的净现金流量，β = 1/(1 + r)，r为适当的贴现率。股票回报和盈利服从下列方程组所界定的关系：

$$R_t = k_1 + \alpha_0 \cdot \frac{UX_t}{P_{t-1}} + UR_t \tag{4-2}$$

$$\Delta X_t = k_2 + \sum_{i=1}^{N} b_i \Delta X_{t-i} + UX_t \tag{4-3}$$

这里，R_t 为股票回报，X_t 为盈利。

方程（4－2）隐含着市场有效的假定成立，即只有未预期盈余影响股票回报。方程组涉及非线性跨方程的标准合理预期的限制，将这种隐含的限制转化为非限制的直接形式，方程组可改写为：

$$R_t = k_1 + \sum_{i=0}^{N} \alpha_i \frac{\Delta X_{t-i}}{P_{t-1}} + UR_t \qquad (4-2')$$

$$\Delta X_t = k_2 + \sum_{i=0}^{N} b_i \Delta X_{t-i} + UX_t \qquad (4-3')$$

用 R（UX_t）表示 t 期未预期盈利产生的回报。从方程（4－1）我们可以推导出 R（UX_t）可表示为未预期盈利产生的预期当期和未来现金流量变动的现值：

$$R(UX_t) = \sum_{s=0}^{\infty} \beta^s \frac{\Delta E(CF_{t+s} \mid UX_t)}{P_{t-1}} \qquad (4-4)$$

这里，$\Delta E(CF_{t+s} \mid UX_t)$ 表示由于未预期盈余 UX_t 导致的 t－1 期和 t 期对于现金流量 CF_{t+s} 预期的变动。

总回报 R_t 可表示为：

$$R_t = R_t^e + R(UX_t) + UR_t \qquad (4-5)$$

这里，R_t^e 表示无条件预期回报，UR_t 表示未被 R_t^e 和 R（UX_t）解释的部分。

在假设（1）成立的条件下，方程（4－4）可以改写为：

$$R(UX_t) = \sum_{s=0}^{\infty} \beta^s \frac{\Delta E(X_{t+s} \mid UX_t)}{P_{t-1}} \qquad (4-6)$$

在假设（2）成立的条件下，即盈利服从单变量时间序列过程接近市场预期，我们可以推导出未预期盈利导致的未来盈利预期的变动。首先，方程（4－3）可以改写为：

$$X_t = \theta(L) UX_t \qquad (4-7)$$

这里，$\theta(L)=1+\theta_1 L+\theta_2 L^2+\cdots$，L为滞后因子。

未来盈利预期的变化可表示为：

$$\Delta E(X_{t+s} \mid UX_t)=\theta_s UX_t, s=0,1,2,\cdots\infty \quad (4-8)$$

将方程（4－8）代入方程（4－6）：

$$R(UX_t) = \sum_{s=0}^{\infty}\beta^s \frac{\theta_s UX_t}{P_{t-1}} = (1+\sum_{s=1}^{\infty}\beta^s\theta_s)\frac{UX_t}{P_{t-1}} \quad (4-9)$$

方程（4－9）最右端括号内的部分可以被看作是盈利乘数，其中“1”表示当期未预期盈利对回报的一对一的影响，$\sum_{s=1}^{\infty}\beta^s\theta_s$表示当期未预期盈利产生的未来盈利变动的现值系数。参照Miller和Rock（1985）对盈余持续性参数界定的精神，Kormendi和Lipe（1987）将$\sum_{s=1}^{\infty}\beta^s\theta_s$称为盈余持续性参数。

Kormendi和Lipe（1987）界定盈余持续性参数的最后一步是用方程（4－3）中的盈余自回归系数b_i重写$\sum_{s=1}^{\infty}\beta^s\theta_s$：

$$PVR = \sum_{s=1}^{\infty}B^s\theta_s = \frac{1}{(1-\beta)\left(1-\sum_{i=1}^{N}\beta^i b_i\right)} - 1 \quad (4-10)$$

这里，PVR表示当期1元未预期盈利产生的未来盈利变动的现值，即盈余持续性参数，该参数与盈利的自回归系数b_i正相关，与内含于β的贴现率r负相关。

从盈余持续性对价值相关性的影响来看，方程（4－9）清楚地表示，盈余持续性越高，未预期盈余与回报之间的关联程度越高。从方程（4－10）的分析中，我们可以看出，为什么从基本面角度研究盈余持续性的文献使用当期盈余对下一期盈余的预测系数表征盈余的持续性，这是因为严格的盈余持续性参数与盈利的自回归系数b_i正相关。

(2) 管理层预测误差的度量

作为一种预测性信息，盈利预测质量的好坏表现为预测准确性的高低。一般来讲，盈利预测的准确性用预测误差来反映。误差越小，则准确性越高，说明盈利预测信息的质量也越高。反之，误差越大，则准确性越低，说明盈利预测信息的质量也越低。对预测误差的衡量一般有两种方法：一是将管理层预测与同时期财务分析师的预测进行比较，检验管理层预测与财务分析师预测之间是否存在系统性高估或低估；二是将管理层预测与公司后来公布的实际数据进行比较，检验管理层是否存在乐观或是悲观估计。由于目前我国证券市场还未形成系统的财务分析师预测，因而尚无法就上市公司管理层预测与分析师预测进行差异比较，本书以第二种方法定义盈利预测误差。对于公司，其在t年的盈利预测误差表示为：

$$Forecast = \left| (AE - FE)/FE \right| \tag{4-11}$$

其中AE表示实际盈利，FE表示预测盈利，这里取每股收益（EPS），在稳健性检验中取利润总额，$(AE-FE)/FE$ 表示公司的预测误差。$(AE-FE)/FE$ 为正，表明盈利预测为悲观估计，上市公司低估盈利；$(AE-FE)/FE$ 为负，表明盈利预测为乐观估计，上市公司高估盈利。Forecast表示绝对预测误差。Forecast的值越小，表明预测准确性越高。

4.3.2 检验模型

(1) 影响管理层预测误差的因素

在盈利预测的准确性方面，Jaggi（1997）发现，中国香港IPO公司盈利预测的准确性，相对其他国家和地区如澳大利亚、加拿大、新西兰等较高，并且除公司存续年限外，其他公司特征包括预测期间、公司规模、财务杠杆、审计事务所声誉等对盈利预测的准确性没有显著影响。Chen 等（2001）通过对 1993 年至 1996 年在香港证券交易所上市的香港以及内地公司的研究发现，IPO 公司的盈利预测较为保守，预测期间与绝对预测误差对盈利预测的准确性具有显著的影响，而公司规模、审计事务所等对盈利预测的准确性不具有显著的影响。徐宗宇（2000）发现，盈利预测涉及的时间越短，信息就越充分，盈利预测假设就越合理；而盈利预测假设越合理，盈利预测的可靠性就越高；蒋义宏和魏刚（2001）关于盈利预测准确性的研究表明，从 1991 年到 1996 年期间，无论是上海证券交易所还是深圳证券交易所上市的 A 股或 B 股公司，平均预测误差均为正，并发现公司规模、负责审计的会计师事务所等对公司盈余预测的准确性有一定的影响。从主观的动机来看，资产负债率越大，公司面临的筹资压力就会相对增大，从而在短期行为上，管理当局就会更有动机去披露盈利预测信息，以吸引更多的投资者。Hossain 等（1994）对吉隆坡证券交易所上市公司进行了研究，发现负债比例与披露水平接近显著的正相关关系。通常规模大的公司对自己的发展前景有足够的信心，因此愿意通过自愿性信息披露增强与投资者的沟通，使投资者更加了解公司实力。Lang 和 Lundholm（1993）的实证结果表明，公司规模越大，自愿性披露水平越高。姜硕和李祥艳（2005）研究结果也表明盈余预测与我国上市公司的规模正相关。收益值反映公司过去的成长和盈利状况，对那些经营业绩优良、成长较快的公司，为了使利润增长更加“平稳”，在不影响公司资金筹集需要的情况下，有可能低估盈利预测，但当希望吸引更多的投资者，以提高筹集资金时，又有可能高估盈利预测，因此，公司每股收益越高，所披露的年度盈利预测信息的有效性就越低。我国上市公司具有特殊的股权结构，大部分由国有企业改制而成，国有股所占比例较大，股权集中程度较高，而社会公众作为“外部人”，获取公司财务状况的渠道单一，与作为内部人的国家股和法人股之间存在严重的信息不对称，其持股比例越低，“用脚投票”现象越严重，盈利预测信息被内部人操纵的可能性就越大，信息的有效性就越差。

（2）模型的构建

我们构建联立方程模型来考察管理层盈余预测误差、盈余持续性与企业投资的相互影响。大量研究实证检验了公司投资和ROA的关系，证明了存在投资—ROA敏感度。Biddle和Hilary（2006）结合融资约束和过度投资两个方面解释资本投资效率，考虑会计信息质量对资本投资的影响。本书同样同时通过这个两方面来解释投资—ROA敏感度，并考察管理层盈余预测误差和盈余持续性对投资—ROA敏感度的影响。管理层盈余预测误差越大将会降低投资—ROA敏感度。盈余持续性则通过直接和间接作用也会影响投资—ROA敏感度。

$$Forecast = b_0 + b_1 PER + b_2 Invest + b_3 Size + b_4 Own10 + b_5 Lev + b_6 EPS + e \quad (4-12)$$

$$Invest = b_0 + b_1 Forecast + b_2 PER^{*} ROA + b_3 ROA + b_4 CFO + b_5 TobinQ + b_6 Lev + b_7 Size + e \quad (4-13)$$

其中，新增资本投资（Invest）采用两种指标表征，$Invest_1$为现金流量表中购置固定资产、无形资产及相关资产的现金、权益性投资、债权性投资支出所支付的现金之和减去处置固定资产、无形资产和其他长期资产而收回的现金，除以期初总资产（杨华军和胡奕明，2007）；$Invest_2$为当期长期资产的变化，用期初总资产标准化（饶育蕾和汪玉英，2006；杨华军和胡奕明，2007），作为稳健性检验指标。

Own10管理者的任命、升迁、收入等个人利益与大股东，特别是第一大股东的利益是密切相关的。例如，在中国的国有企业，由于缺少充分竞争的经理人市场，管理者多是由主管单位直接委派，其在职利益与大股东（国有股股东）联系紧密。而对于其他性质的公司，由于股权集中度普遍很高，也有类似的关系。大股东控制了公司的经营决策权，为其掠夺小股东财富提供了可能。La Porta 等（1997）通过研究27个国家企业的最终控制人通过交叉持股的金字塔式股权结构进行控制的行为，发现在世界各地的大型企业中，主要的代理问题是由大股东掠夺小股东利益导致的。当第一大股东持股比例相对较低时，大股东和管理者与小股东利益不一致，他们谋求更多的私人利益（private benefit），企业中代理成本高；随着持股比例的增加，大股东与小股东的利益一致性提高。随着持股比例的进一步增加，由于壕沟效应（entrenchment effect）的存在，大股东利用手中的控制权开始掠夺小股东的财富，大股东和小股东利益一致性可能在持股比例到达某个水平后下降，呈现非线性变化趋势。Clasessens 等（2002）通过观察亚洲8个国家和地区的经济发现，公司价值随着第一大股东的现金流所有权（cash - flow ownership）的增加而增加，持股比例具有正向的激励作用。但是，当第一大股东的控制权超过现金流所有权时，公司价值会下降。这种非线性的关系与我们的推理一致。投资—ROA 敏感性问题主要是由于缺乏对大股东的有效监管导致的。随着持股比例的增加，大股东与小股东利益一致性提高，将使得大股东减少损害小股东利益的非理性投资，从而降低企业投资对内部现金流的敏感性。随着持股比例的进一步增加，由于壕沟效应，大股东和小股东利益一致性可能在持股比例到达某个水平后下降。投资—ROA 的敏感性会随之增加。对应投资不足的信息不对称理论成立时，投资—ROA 敏感性问题主要是由于大股东和小股东的信息不对称导致，即随着第一大股东持股比例的增加，大股东将承担更多的外部融资错误定价产生的不利后果，因而不愿意扩大外部融资，从而使得企业投资对现金流的敏感性更强；但是，当在持股比例到达某个水平后大股东与小股东利益一致性下降时。投资—ROA 敏感性将相应下降。

Lev 资产负债率负债总额/资产总额。负债在现代企业治理中不仅作为融资工具，更重要是作为一种治理工具。Jensen 和 Meekling（1976）、Myers（1977）等基于代理理论对企业投资效率进行了研究，他们认为高负债的资本结构会潜在地诱发股东的机会主义倾向，使企业投资失败的风险大大增加，高杠杆水平可能导致过度投资倾向。Jensen（1986）认为，举债可以减少经理利用自由现金流量建造经理帝国的行为，进而对经理的控制及利益形成约束。随着债务的增加，负债还本付息的硬约束不仅加大了经理的绩效压力，而且加大了企业破产清算的概率，这对经理的职位稳固构成极大的威胁；另外，债务合约往往包含很多限制约束条款，债权人对经理的行为监督和控制也限制了经理的过度投资行为。因此，从这一意义上讲，负债的增加有助于抑制过度投资行为。国内对投资效率的实证研究主要集中于负债对投资规模、投资行为本身的影响，如童盼、陆正飞（2005）发现负债水平对投资规模有显著的抑制作用，这种抑制程度会受到投资项目风险的影响。姚明安和孔莹（2008）结合股权结构证实了负债对企业投资规模的抑制。李胜楠、牛建波（2005）研究则发现，无论我国上市公司国有股比例大小，高负债根本没有发挥约束过度投资的治理功能，但对于国有股比例小的上市公司，高负债却抑制了高增长性公司的资本支出。总体来说，负债的相机治理效应在我国的经验证据依旧不足。

变量定义见表 4－1。

表 4 - 1　　　　　　　　　　变量定义表

变量	变量名称	定　义
ROA	资产收益率	净利润/平均资产总额
Forecast	管理层预测误差	(实际盈利 - 预测盈利) /预测盈利
PER	盈余持续性	见公式 (4 - 10)
EPS	每股收益	税后利润/股本总数
Invest	新增资本投资	(构建固定资产、无形资产和其他长期资产所支付的现金 - 处置固定资产、无形资产和其他长期资产而收回的现金) /总资产账面价值
TobinQ	托宾 Q 值	(流通股市值 + 非流通股账面价值 + 负债账面价值) /总资产账面价值
Own10	股权集中度	前十大股东的持股比例
CFO	内部现金流	经营活动现金流量净额/总资产账面价值
Lev	资产负债率	负债总额/资产总额
Size	企业规模	企业总资产账面值的自然对数

4.4　检验结果与分析

4.4.1　样本选择与数据描述

本书选择 2006—2011 年的上海证券交易所和深圳证券交易所 A 股公司作为研究样本。本书的样本区间选择主要基于以下考虑：盈余持续性指标需要使用 16 个季度的盈余数据。财务数据来源于 CSMAR 数据库。样本的筛选遵循以下原则：(1) 剔除研究期间内，相关变量数据缺失的观测；(2) 本书采用 winsorization 的方法对异常值进行处理，对所有小于 1% 分位数（大于 99% 分位数）的变量，令其值分别等于 1% 分位数（99% 分位数）。

在数据选择上，为使描述统计结果更贴切、更接近实际，首先对样本连续变量进行简单的描述性分析，然后采用 winsorization 的方法对异常值进行处理，对所有小于 1% 分位数（大于 99% 分位数）的变量，令其值分别等于 1% 分位数（99% 分位数），目的在于排除奇异值对总体数据的影响，得到描述统计见表 4 -2。表 4 -2 反映了总体样本的变量特征。2006 年至 2011 年间所选样本管理层预测误差约为 0.014，最高达到 0.502，而最低为 0.000，企业间的管理层预测误差存在一定差异，标准差为 0.063。同样，所选样本企业的平均盈余持续性为 35.892，最高为 77.566，最低只有 23.215，企业间的盈余持续性差异较大，标准差达到 9.131。此外，上市公司平均投资效率为 0.046，而最高值达到 0.258，最低值为 -0.048，公司间的投资水平存在一定差异，标准差达到 0.053。不同公司间的债务结构类型相差也较大，有的公司的负债均为短期负债，所以最小值为 0.055，而最大值却达到 2.362，平均值为 0.568，标准差为 0.313。所选样本企业的平均规模为 9.593，最高为 11.893，最低只有 7.891，标准差达到 0.627。所选样本企业的平均股权集中度为 0.345，最高为 0.820，最低只有 0.016，标准差为 0.204。公司成长性方面，所选样本企业的平均托宾 Q 值为 2.504，最高值达到 17.546，最低值只有 0.901，标准差达到 2.244，说明不同公司在成长性方面依然存在较大的差别。公司的盈利能力、股权集中度、成长性和流动性等方面都存在比较大的差异。见表 4 -2。

表4-2　　　　描述性统计

	N	极小值	极大值	均值		标准差
	统计量	统计量	统计量	统计量	标准误	统计量
Forecast * ROA	333	-0.016	0.009	0.000	0.000	0.002
PER * ROA	333	-12.031	12.146	1.366	0.164	3.008
ROA	333	-0.265	0.282	0.039	0.004	0.074
Forecast	333	0.000	0.502	0.014	0.003	0.063
PER	333	23.215	77.566	35.892	0.500	9.131
EPS	333	-1.309	2.540	0.354	0.032	0.596
Own10	333	0.016	0.820	0.345	0.011	0.204
Lev	333	0.055	2.362	0.568	0.017	0.313
Invest	333	-0.048	0.258	0.046	0.002	0.053
TobinQ	333	0.901	17.546	2.504	0.123	2.244
CFO	333	-0.277	0.268	0.031	0.004	0.088
Size	333	7.891	11.893	9.593	0.034	0.627

本书采用Pearson相关性分析来检验所有变量之间的相关性关系。由表4-3可以看出，一方面，盈余持续性和投资效率之间存在显著的正相关关系，也就是说，盈余持续性越好，上市公司的投资效率会越高；另一方面，盈余持续性同样与管理层预测误差之间存在显著的负相关关系，即盈余持续性越好，上市公司管理层的预测误差越小。此外，从各个变量之间的相关性检验结果来看，各个变量之间的相关系数绝对值都在0.8以下，有一大部分变量之间的相关系数在0.1以下，这就说明变量之间的相关性比较弱，各个变量之间不存在多重共线性问题，不会对多元回归的结果产生影响。见表4-3。

表 4-3 **相关系数表**

	Forecast	PER	Invest	Size	Own10	Lev	EPS
Forecast	1	-0.032*	-0.038*	-0.093*	0.086*	0.041*	-0.005*
		0.045	0.049	0.019	0.016	0.045	0.027
PER		1	-0.004	-0.107	0.041	0.070	-0.183**
			0.947	0.052	0.458	0.205	0.001
Invest			1	0.200**	0.084	-0.108*	0.109*
				0.000	0.125	0.048	0.047
Size				1	0.192**	-0.04	0.357**
					0.000	0.471	0.000
Own10					1	-0.118*	0.147**
						0.032	0.007
Lev						1	-0.348**
							0.000
EPS							1

注：** 表示在 0.01 水平（双侧）上显著相关；* 表示在 0.05 水平（双侧）上显著相关。

	Invest	Forecast * ROA	PER * ROA	ROA	CFO	TobinQ	Lev	Size
Invest	1	-0.042*	0.083*	0.095*	0.124*	-0.104*	-0.108*	0.200**
		0.045	0.031	0.004	0.023	0.047	0.048	0.000
Forecast * ROA		1	0.157**	0.231**	0.029	0.062	-0.120*	0.062
			0.004	0.000	0.592	0.257	0.029	0.262
PER * ROA			1	0.758**	0.220**	-0.116*	-0.352**	0.238**
				0.000	0.000	0.035	0.000	0.000
ROA				1	0.294**	-0.112*	-0.363**	0.274**
					0.000	0.041	0.000	0.000

续表

	Invest	Forecast * ROA	PER * ROA	ROA	CFO	TobinQ	Lev	Size
CFO					1	0.074	-0.131*	0.092
						0.176	0.016	0.095
TobinQ						1	0.010	-0.520**
							0.857	0.000
Lev							1	-0.04
								0.471
Size								1

注：** 表示在 0.01 水平（双侧）上显著相关；* 表示在 0.05 水平（双侧）上显著相关。

4.4.2　回归分析

$$Forecast = b_0 + b_1 PER + b_2 Invest + b_3 Size + b_4 Own10 + b_5 Lev + b_6 EPS + e \quad (4-12)$$

$$Invest = b_0 + b_1 Forecast + b_2 PER^* ROA + b_3 ROA + b_4 CFO + b_5 TobinQ + b_6 Lev + b_7 Size + e \quad (4-13)$$

对样本公司进行实证研究的具体数据结果如表 4-4。为了检验假设，本书对数据用三阶段最小二乘法对方程组进行联合估计。估计联立方程组的方法可以分为两类，即“单一方程估计法”（single equation estimation），也称“有限信息估计法”；以及系统估计法，也称“全信息估计法”（full information estimation）。前者对联立方程组的每一个方程分别进行估计，而后者则将其作为一个系统进行联合估计。单一方程估计法主要包括，普通最小二乘法（OLS）、二阶段最小二乘法（2SLS）以及广义矩估计法（GMM）。在结构方程可识别的情况下，其排斥的外生变量个数大于或等于包含的内生解释变量个数，而所有排斥的外生变量都是有效工具变量，故可以用工具变量法来估计。如果结构方程的扰动项满足同方差、无自相关的古典假定，则二阶段最小二乘法是最有效的工具变量法，故也是最常见的单一方程估计法。在过度识别的情况下，如果结构方程的扰动项存在异方差或自相关，则广义矩估计法比二阶段最小二乘法更有效率。在恰好识别的情况下，广义矩估计法等价于二阶段最小二乘法。在使用单一方程估计法时，由于忽略了各方程之间的联系（包括各方程扰动项之间的联系），故不如将所有方程作为一个整体进行估计（即系统估计法）更有效率。对于一个多方程系统，如果方程中包含内生解释变量，则对每个方程进行二阶段最小二乘法估计是一致的；但却不是最有效率的，因为单一方程二阶段最小二乘法忽略了不同方程的扰动项之间可能存在相关性。此时，用三阶段最小二乘法对整个联立方程系统同时进行估计是最有效的。回归结果如表 4 -4。表 4 -4 揭示了盈余持续性、管理层盈余预测误差和投资效率三者之间的关系。

表 4 -4 的检验结果显示，在第一个方程中，管理层预测误差作为被解释变量，盈余持续性作为解释变量的时候，其系数为负，即盈余持续性越高管理层预测误差越小，通过了显著性检验，拟合度也比较高。因此，假设 4.1 得到了实证结果的检验，即在研究期间，盈余持续性与管理层预测误差之间是负相关的关系，质量好的盈余信息可以帮助上市公司的管理层降低盈余预测误差。

控制变量的检验结果表明，上市公司规模对管理层盈余预测误差的提高有促进作用，公司的规模越大，管理层盈余预测误差越小。另外，新增资本投资也通过了显著性检验，新增资本投资越多，管理层盈余预测误差越小。此外，对于股权集中度是否对管理层盈余预测产生负面影响，经过回归检验，管理层集中度越高，管理层盈余预测误差越大。债务比例对管理层盈余预测也有影响，债务比例越高的上市公司管理层盈余预测误差越大。每股收益和管理层盈余预测呈现负相关关系。控制变量对因变量的影响和预期的基本一致。

在第二个方程中，新增资本投资作为被解释变量，盈余持续性与 ROA 的交互项和管理层盈余预测误差与 ROA 的交互项分别作为解释变量的时候，盈余持续性与 ROA 的交互项的系数为正，即盈余持续性越好，新增资本投资对 ROA 的敏感度越高，管理层盈余预测误差与 ROA 的交互项的系数为负，即管理层盈余预测误差越小，新增资本投资对 ROA 的敏感度越高，并且通过了显著性检验，拟合度也比较高。因此，假设 4.2 和假设 4.3 得到了实证结果的检验，即在研究期间，盈余持续性与管理层预测误差影响新增资本投资对 ROA 的敏感性。

控制变量的检验结果表明，ROA 与新增资本投资呈现正相关关系，ROA 越大的上市公司新增资本投资越多，与前人的研究结果一致。上市公司规模对新增资本投资有促进作用，公司的规模越大，新增资本投资越大。另外，负债比例也通过了显著性检验，负债比例越高，新增资本投资越低。此外，对于内部现金流是否对新增资本投资产生证明影响，经过回归检验，内部现金流越高，新增资本投资越多。TobinQ 与新增资本投资呈现负相关关系，但是没有通过显著性检验。

表 4-4　　　　回归结果

	Coef.	P > | z |		Coef.	P > | z |
Invest			Forecast		
Forecast * ROA	-3.1238**	0.047	PER	-0.0225**	0.043

续表

	Coef.	P > | z |		Coef.	P > | z |
PER * ROA	0.0009 ***	0.000	Invest	-0.0800 ***	0.000
ROA	0.0192 ***	0.000	Size	-0.0222 *	0.096
CFO	0.0291 **	0.053	EPS	-0.0031 *	0.065
TobinQ	-0.0002	0.892	Own10	0.0261 *	0.073
Lev	-0.0203 **	0.037	Lev	0.0042 *	0.081
Size	0.0175 *	0.051	_cons	0.1883 *	0.067
_cons	-0.1094 **	0.035			

Equation	Obs	"R - sq"	chi2	P
Invest	333	0.3420	218.21	0.0000
Forecast	333	0.2356	135.74	0.0000

注：***，**，* 分别表示显著性水平为 1%，5%，10%。

4.4.3 稳健性检验

我们通过替换变量的衡量指标进行稳定性检验。为了验证上述分析结果的可靠性，本节执行了以下稳健性检验：（1）Invest2 为当期长期资产的变化，用期初总资产标准化（饶育蕾和汪玉英，2006；杨华军和胡奕明，2007），作为稳健性检验指标；（2）管理层预测误差的指标 Forecast2 采用利润总额替换每股收益。得到回归结果如表 4 - 5 所示。表 4 - 5 回归结果显示，在第一个方程中，管理层预测误差作为被解释变量，盈余持续性作为解释变量的时候，其系数为负，即盈余持续性越高管理层预测误差越小。在第二个方程中，新增资本投资作为被解释变量，盈余持续性与 ROA 的交互项和管理层盈余预测误差与 ROA 的交互项分别作为解释变量的时候，盈余持续性与 ROA 的交互项的系数为正，即盈余持续性越好，新增资本投资对 ROA 的敏感度越高，管理层盈余预测误差与 ROA 的交互项的系数为负，即管理层盈余预测误差越小，新增资本投资对 ROA 的敏感度越高。上述稳健性检验结果与前文的研究结论并没有实质性差异，表明本节的主要实证结论是稳健的。

表 4-5　　稳健性检验

	Coef.	P > | z |		Coef.	P > | z |
Invest2			Forecast2		
Forecast * ROA2	-6.6609**	0.033	PER	-0.0040**	0.037
PER * ROA	0.01646***	0.000	Invest2	-0.1664***	0.003
ROA	0.3701**	0.033	Size	-0.0295***	0.009
CFO	0.5406**	0.036	EPS	-0.0258***	0.010
TobinQ	-0.0053	0.620	Own10	0.0411**	0.011
Lev	-0.1968**	0.012	Lev	0.0038*	0.085
Size	0.1073**	0.014	_cons	0.1944**	0.047
_cons	-0.3270	0.446			

Equation	Obs	"R - sq"	chi2	P
Invest2	333	0.3690	270.35	0.0000
Forecast2	333	0.2704	178.39	0.0000

注：***，**，* 分别表示显著性水平为 1%，5%，10%。

第5章 盈余持续性、债权人感知与债务融资效率

融资可以分为债权融资和股权融资，因此，接下来分别对这两类融资形式进行研究。在本章中，我们将重点研究盈余持续性、债权人感知与债务融资效率三者之间的相互关系。在下一章中我们将着重研究盈余持续性、监管者感知与股权融资效率三者之间的相互关系。

5.1 理论分析与研究假设

5.1.1 盈余持续性与借款违约风险

经验研究表明，银行在信贷决策过程中会基于会计信息评估借款企业的违约风险（Goncharov 和 Zimmerman，2007；廖秀梅，2007）。

企业会计信息在中国日趋市场化的信贷交易中的作用也越来越重要，饶艳超和胡奕明（2005）对银行的调查结果显示，银行对长短期借款、利润总额、主营业务收入、经营活动现金净流量、资产负债率、流动比率和速动比率等财务信息高度重视。孙铮、李增泉和王景斌（2006）发现，会计信息无论对公有企业还是私有企业的贷款行为都具有重要影响。廖秀梅（2007）的研究结果表明，会计信息可以降低信贷决策中信息不对称程度。李悦等（2008）发现，盈利和现金流的稳定性是公司债务融资决策中最重要的影响因素。然而企业的盈余管理行为却会降低会计信息质量，从而导致银行做出错误的信贷决策（叶志锋和胡玉明，2009）。陆正飞等（2008）发现中国的银行不能识别企业的盈余管理行为，但企业的盈余管理行为是否导致了更高的债务违约率仍然没有答案。随着贷款风险管理重视程度的逐渐加强，为避免不良贷款的发生，银行在信贷决策过程中需要评估借款申请人的财务状况，预测其未来的盈利与偿债能力，判断债务契约的违约风险，最终确定契约的具体条款，包括借款利率、借款期限、借款性质等。由于会计信息在债务契约中具备很强的定价和治理功能，可以降低事前和事后的信息不对称，约束借款人的机会主义行为，因此银行主要依赖会计信息评估企业的违约风险。Goncharov 和 Zimmerman（2007）的研究发现，俄罗斯商业银行是基于会计信息做出信贷决策的，公司的财务杠杆、流动比率和总资产收益率解释了 43% 的银行债务变化。廖秀梅（2007）基于我国 A 股市场的经验证据，指出在我国的特殊制度背景下，会计信息对信贷决策的价值相关性尽管不高但好于股票市场。由此可见，会计信息在债务契约中的有用性，为信贷决策提供了可靠的依据。Bharath 等（2008）认为借款人的盈余管理行为会增加银行预测企业未来现金流时的不确定性，给违约风险评级带来了信息风险。叶志锋和胡玉明（2009）以1999—2007年的中国上市公司为研究样本，发现微利企业的债务违约率与其左边相邻公司（即利润为负的公司）没有显著差异，但显著大于其右边相邻公司（即利润为正的公司），表明盈余管理企业的债务违约率相对更高，因银行未能有效识别企业的会计操纵行为而导致银行资源的不合理配置和不良贷款的产生。企业的盈余持续性越好，即会计盈余的波动程度越小，预测企业未来财务状况的风险就越小。因此，我们认为盈余质量的高低会影响基于会计信息的违约风险。本书提出假设：

假设5.1 盈余持续性与企业的借款违约呈现负相关关系。

5.1.2 盈余持续性与债务融资成本

从本质上来看，资本成本是资本提供者要求的必要报酬率，其大小主要取决于其承担风险的大小。显然债权人预期的风险越高，其要求的必要报酬率就会越高，对企业来说，其债务成本也就越高。对于债权人来说，其风险主要来自于到期不能收到本金和利息的风险，这种到期不能收回本金和利息的风险主要来源于两个方面：企业本身质量较差，没有能力偿还到期本息；企业自身有偿还的能力，但通过各种手段将财富转移到股东手中，最终导致企业无法偿还到期本息。无论哪一种情况，这种风险得以产生的前提条件是债权人和企业之间存在信息不对称。如果债权人和企业之间不存在信息不对称，债权人就可以识别企业偿债能力，也可以及时采取相关措施防止企业将财富从债权人转移给股东。提高公司的盈余信息，能够从三个方面降低企业的资本成本：首先，真实可靠的盈余信息能够反映企业的财务状况，从而降低外部投资者和内部人之间存在的信息不对称，有利于降低代理成本。其次，由于投资者往往以企业往年的盈余信息为依据，进行企业风险（不可分散风险）的估计，较高的盈余信息能够使企业获得更好的投资信息，从而降低投资风险。最后，高质量的会计信息，能够降低风险溢价，从而降低企业的资本成本。因此，通过降低债权人与企业之间的信息不对称程度，必然可以在一定程度上降低上述两方面的风险，从而降低债权人要求的必要报酬，进而降低企业的债务成本。Healy 和 Palepu（2001）认为会计信息可以极大地降低债权人和企业管理层之间的信息不对称程度。Sengupta（1998）以 1987—1998 年美国上市公司为样本，研究发现：债务成本与公司会计信息质量负相关。Gu 和 zhao（2006）以 1987—2003 年美国上市公司为样本，研究发现：各种信息的准确程度都与债务成本负相关。Francis 等（2005）也发现应计质量与债务资本成本负相关。Nikolaev 等（2005）在控制了会计信息质量和债务成本的内生性后，发现会计信息质量对债务成本的影响将会超过 OLS 回归结果的 200%。Graham 等（2008）发现，企业发生财务报告重述之后，银行会担心信贷决策中依赖的会计信息质量存在问题，可能会增加信贷风险，从而会采取缩短债务期限、提高利率、要求抵押或者提出更多的限制条件等。Bharath 等（2008）也发现会计信息质量较低的借款人要承担较高的利率、借款的期限较短且更可能被要求提供抵押。

在国内直接研究会计信息质量对债务成本影响的文献较少。孙铮、李增泉和王景斌（2006）以 1998—2004 年间中国 A 股上市公司为样本，研究了会计信息在债务契约中的应用，结果发现：无论国有企业还是民营企业，会计信息对贷款行为都具有重要影响。廖秀梅（2007）以 2001 年和 2004 年这两个牛、熊市的代表年份的 223 家上市公司的 445 个信贷决策为样本，运用两阶段 logit 认回归模型研究了会计信息的信贷决策有用性，结果发现：会计信息可以减少信贷决策中的信息不对称程度，从而提高信贷决策的正确性。因此，会计信息有助于降低银行信贷决策风险，根据有效契约理论，银行将会向高质量会计信息的借款人收取较低的利率，即降低企业的债务成本。于富生和张敏（2007）以深市部分 A 股上市公司为样本，以上市公司的信用等级来衡量公司的信息披露质量，对我国上市公司的信息披露质量和企业债务成本的关系进行了研究，结果发现：债务成本与信息披露质量显著负相关；并且企业面临的市场风险越大，则信息披露质量对债务成本的影响就越大。因此，本书提出假设：

假设 5.2 盈余持续性与债务融资成本呈现负相关关系。

5.2 实证研究设计

建立联立方程模型更深入地探讨盈余持续性、借款违约和债务融资成本之间的相互关系。模型建立如下：

$$Default = b_0 + b_1 PER + b_2 DebtC + b_3 Growth + b_4 Size + b_5 ROA + e \quad (5-1)$$

$$DebtC = b_0 + b_1 PER + b_2 Default + b_3 Tang + b_4 Volatility + b_5 Size + b_6 CF + e \quad (5-2)$$

5.2.1 因变量

借鉴前人研究，Default 为企业是否借款违约的哑元变量，当现金流量表中“偿还债务所支付的现金”小于资产负债表中“短期借款”和“一年内到期的非流动负债”的期初数合计时，取 1，否则取 0。DebtC 表示债务融资成本，利息支出占公司借款和总负债的比率。

5.2.2　解释变量

盈余持续性公式见第 4 章。

5.2.3　控制变量

公司的成长性（Growth）：就股东而言，公司的成长性越高，股东未来获得的回报也将越高，公司也将越受到股票市场投资者的追捧，从而公司股权融资的成本可能越低。本书以公司主营业收入增长率来衡量公司的成长性。

公司规模（Size）：公司规模越大，其抵抗公司所面临的各种风险的能力越强，股东所承受的投资风险也越小，因此，公司的股权融资成本也将越低。本书以公司总资产的自然对数来代表公司规模。见表 5 – 1。

表 5 – 1　　变量定义表

变量	变量名称	定　义
Default	借款违约	为企业是否借款违约的哑元变量，当现金流量表中“偿还债务所支付的现金”小于资产负债表中“短期借款”和“一年内到期的非流动负债”的期初数合计时，取 1，否则取 0
DebtC	债务融资成本	利息支出占公司借款和总负债的比率
PER	盈余持续性	见第 4 章公式 4 – 10
Growth	公司成长性	（当年主营业务收入 – 前一年主营业务收入）/ 前一年主营业务收入
ROA	总资产收益率	总资产收益率

续表

变量	变量名称	定　义
Tang	资产的有形性或可抵押性	固定资产/总资产
Volatility	波动率	股票价格波动率年化
Size	企业规模	企业总资产账面值的自然对数
CF	现金流量	经营现金流占资产总额的比例

5.3　检验结果与分析

5.3.1　样本选择与数据描述

本书选择 2006—2011 年的上海证券交易所和深圳证券交易所A 股公司作为研究样本。样本区间选择主要基于以下考虑：盈余持续性指标需要使用 16 个季度的盈余数据。财务数据来源于 CSMAR 数据库。样本的筛选遵循以下原则：第一，剔除研究期间内，相关变量数据缺失的观测；第二，采用 winsorization 的方法对异常值进行处理，对所有小于 1% 分位数（大于 99% 分位数）的变量，令其值分别等于 1% 分位数（99% 分位数）。

在数据选择上，为使描述统计结果更贴切、更接近实际，首先对样本连续变量进行简单的描述性分析，然后采用 winsorization 的方法对异常值进行处理，对所有小于 1% 分位数（大于 99% 分位数）的变量，令其值分别等于 1% 分位数（99% 分位数），目的在于排除奇异值对总体数据的影响，得到描述统计见表 5 - 2。表 5 - 2 反映了总体样本的变量特征。2006 年至 2011

年间所选样本借款平均违约约为0.172，最高达到1.000，而最低为0.000，企业间的债务融资约束存在一定差异，标准差为0.376。同样，所选样本企业的平均盈余持续性为34.363，最高为88.302，最低只有21.106，企业间的盈余持续性差异较大，标准差达到9.494。此外，不同公司间的债务结构类型相差也较大，有的公司的负债均为短期负债，上市公司平均债权融资成本为0.177，而最高值达到0.775，最低值为-0.286，公司间的投资水平存在一定差异，标准差达到0.181。所选样本企业的平均规模为9.420，最高为10.862，最低只有8.149，标准差达到0.529，说明不同公司在规模方面存在较大的差别。公司的盈利能力、成长性、波动性和资产的有形性等方面都存在比较大的差异。见表5-2。

表5-2　　　　描述性统计

	N	极小值	极大值	均值		标准差
	统计量	统计量	统计量	统计量	标准误	统计量
Default	5785	0.000	1.000	0.172	0.005	0.376
PER	5785	21.106	88.302	34.363	0.125	9.494
DebtC	5785	-0.286	0.775	0.177	0.002	0.181
Growth	5785	-0.853	19.696	0.623	0.032	2.420
Size	5785	8.149	10.862	9.420	0.007	0.529
ROA	5785	-0.318	0.239	0.039	0.001	0.073
Tang	5785	0.002	0.770	0.273	0.002	0.187
Volatility	5785	-0.810	4.215	0.477	0.014	1.069
CF	5785	-1.412	3.421	0.165	0.008	0.623

本书采用 Pearson 相关性分析来检验所有变量之间的相关性关系。由表 5 - 3 可以看出，一方面，盈余持续性和企业的借款违约之间存在显著的负相关关系，也就是说，盈余持续性越好，所选样本公司的借款违约越低，盈余持续性具有一定的违约预测作用；另一方面，盈余持续性和债务融资成本之间存在显著的负相关关系，即盈余持续性越好，所选样本公司的债务融资成本越低。此外，借款违约和债务融资成本之间存在显著的正相关关系。从各个变量之间的相关性检验结果来看，各个变量之间的相关系数绝对值都在 0.8 以下，有一大部分变量之间的相关系数在 0.1 以下，这就说明变量之间的相关性比较弱，各个变量之间不存在多重共线性问题，不会对多元回归的结果产生影响。

表 5 - 3　　　　相关系数表

	Default	PER	DebtC	Growth	Size	ROA
Default	1	-0.015*	0.024*	-0.028*	-0.227**	-0.028*
		0.026	0.047	0.034	0.000	0.034
PER		1	-0.024*	-0.026*	-0.003	-0.049**
			0.036	0.049	0.820	0.000
DebtC			1	-0.005*	-0.109**	-0.210**
				0.022	0.000	0.000
Growth				1	-0.042**	0.013
					0.001	0.321
Size					1	0.179**
						0.000
ROA						1

注：** 表示在 0.01 水平（双侧）上显著相关；* 表示在 0.05 水平（双侧）上显著相关。

	DebtC	PER	Default	Tang	Volatility	Size	CF
DebtC	1	-0.024*	0.024*	0.297**	0.003	-0.109**	-0.081**
		0.036	0.047	0.000	0.819	0.000	0.000
PER		1	-0.015*	0.059**	0.100**	-0.003	0.039**
			0.026	0.000	0.000	0.820	0.003
Default			1	0.030*	0.052**	-0.227**	-0.044**
				0.022	0.000	0.000	0.001
Tang				1	0.017	0.011	-0.107**
					0.191	0.393	0.000
Volatility					1	-0.092**	0.131**
						0.000	0.000
Size						1	0.153**
							0.000
CF							1

注：** 表示在 0.01 水平（双侧）上显著相关；* 表示在 0.05 水平（双侧）上显著相关。

5.3.2　回归分析

$$Default = b_0 + b_1 PER + b_2 DebtC + b_3 Growth + b_4 Size + b_5 ROA + e \quad (5-3)$$

$$DebtC = b_0 + b_1 PER + b_2 Default + b_3 Tang + b_4 Volatility + b_5 Size + b_6 CF + e \quad (5-4)$$

对样本公司进行实证研究的具体数据结果如表 5-4。为了检验假设，本书对数据用三阶段最小二乘法估计，回归结果如表 5-4。表 5-4 揭示了盈余持续性、借款违约和债务融资成本三者之间的关系。

表 5-4 的检验结果显示，在第一个方程中，借款违约作为

被解释变量，盈余持续性和债务融资成本作为解释变量的时候，盈余持续性的系数为负，即盈余持续性越高样本公司的借款违约的可能性越小，通过了显著性检验，债务融资成本的系数为负，即债务融资成本越高样本公司的借款违约的可能性也越高，拟合度也比较高。因此，假设 5.1 得到了实证结果的检验，即在研究期间，盈余持续性与债务融资成本影响样本公司的借款违约，盈余持续性具有一定的借款违约预测作用，而较高的债务融资成本将加剧上市公司借款违约的可能性。

控制变量的检验结果表明，上市公司规模对借款违约有缓解作用，公司的规模越大，其抵抗公司所面临的各种风险的能力越强，股东所承受的投资风险也越小，因此，公司的借款违约的可能性也将越低。另外，成长性指标也通过了显著性检验，说明成长性越好的公司借款违约的可能性越小。此外，总资产收益率与借款违约负相关，这就说明了盈利能力越好，公司所面临的借款违约的可能性越低。

在第二个方程中，债务融资成本作为被解释变量，盈余持续性和借款违约作为解释变量的时候，盈余持续性的系数为负，即盈余持续性越高样本公司的债务融资成本越小，通过了显著性检验，借款违约的系数为负，即借款违约的样本公司的债务融资成本也越高，拟合度也比较高。因此，假设 5.2 得到了实证结果的检验，即在研究期间，盈余持续性与借款违约影响样本公司的债务融资成本，质量好的盈余信息可以降低上市公司的债务融资成本，而公司发生借款违约可能将提高债务融资成本。

控制变量的检验结果表明，上市公司规模对债务融资成本有缓解作用，公司的规模越大，其抵抗公司所面临的各种风险的能力越强，股东所承受的投资风险也越小，因此，公司的债务融资成本也将越低。另外，股票价格波动率指标也通过了显著性检验，说明股票价格越波动，公司面临的债务融资成本越高。此外，资产的有形性或可抵押性与债务融资成本正相关，这就说明了固定资产比重大的公司所面临的债务融资成本更高。

表 5－4　　　　　　　　　　回归结果

	Coef.	P > | z |		Coef.	P > | z |
Default			Debtc		
PER	-0.0010	0.021	PER	-0.0064	0.048
DebtC	0.2385	0.005	Default	0.7126	0.035
Growth	-0.0017	0.011	Tang	0.2573	0.000
Size	0.1604	0.000	Volatility	0.0077	0.042
ROA	-0.0004	0.025	Size	-0.1370	0.047
_cons	1.6463	0.000	CF	-0.0097	0.039
			_cons	-1.3244	0.282

Equation	Obs	"R - sq"	chi2	P
Default	5710	-0.0526	292.58	0.0000
DebtC	5710	-0.1822	63.38	0.0000

注：***，**，* 分别表示显著性水平为 1%，5%，10%。

5.3.3　稳健性检验

我们通过替换变量的衡量指标进行稳定性检验。为了验证上述分析结果的可靠性，本书执行了以下稳健性检验：第一，模型（5－1）只是对借款违约当年进行检验，为进一步说明违约预测作用的前期效果，在稳健性检验部分将模型（5－1）的因变量向后推一年；第二，债务融资成本采用主动性债务融资比例＝（短期借款＋长期负债＋一年内到期的非流动负债）/总资产。得到回归结果如表 5－5 所示。表 5－5 回归结果显示，在第一个方程中，债务融资约束作为因变量，盈余持续性与债务融资约束负相关，债务融资成本与债务融资约束正相关。在第二个方程中，债务融资成本作为因变量，盈余持续性与债务融资成本负相关，债务融资约束与债务融资成本正相关。上述稳健性检验结果与前文的研究结论并没有实质性差异，表明本节的主要实证结论是稳健的。

表 5－5　　稳健性检验

	Coef.	P > | z |		Coef.	P > | z |
Default2			Debtc2		
PER	－0.0014**	0.011	PER	－0.0063**	0.045
DebtC	0.2643***	0.007	Default	0.1630**	0.046
Growth	－0.0072**	0.033	Tang	0.2709***	0.000
Size	－0.0387***	0.000	Volatility	0.0068**	0.035
ROA	－0.0046**	0.038	Size	－0.0487***	0.001
_cons	0.5238***	0.000	CF	－0.0122**	0.049
			_cons	－0.3111	0.215

Equation	Obs	"R－sq"	chi2	P
Default2	5710	0.0246	17.92	0.0030
DebtC2	5710	0.0701	504.15	0.0000

注：***，**，* 分别表示显著性水平为 1%，5%，10%。

第6章

盈余持续性、监管者感知与股权融资效率

6.1　引言与制度背景

融资效率问题是财务理论界的一大热门问题。融资是否有必要，是否有利于公司盈利可持续增长，不仅考察以前年度的盈利情况，以历史财务信息为决策依据，还应该依据上市公司投资项目的可行性及新投资项目盈利预测等预测性财务信息为科学依据。门槛限定不仅是对公司历史盈利能力的要求，更是对未来盈利能力和资金使用效益的要求。另外，更为重要的是，设置门槛就是希望能控制再发行项目的质量，保证“绩优”的项目进行再融资，而过滤掉“绩差”的项目，从而减少投资者在

再发行中的信息弱势。讨论设置门槛的合理性问题，再融资门槛对选择上市公司和保护投资者利益是否有效。究竟这些政策有没有达到预期的目的，能否对企业融资行为和融资效率产生积极的影响。对于跨过了中国证监会设置的“配股门槛”上市公司，投资者对不同质量的会计盈余是否会区别反应，市场对此是如何反应的呢？这已成为一个十分具有现实意义的问题。从历史经验看，大多数证券市场在发展早期，普遍实施严格的证券发行管制，希望以此限制公司欺诈投资者。为了限制上市公司“圈钱”行为，保护流通股股东的利益和稳定股票市场，中国证监会一方面在再发行的审批制度上进行把关，最后再由发审委来确定是否可以批准再融资项目。另一方面则对股权再融资公司进行门槛限定，即规定只有经营业绩好的公司才被允许再发行。设置门槛可避免所有的上市公司都进行再融资，控制市场融资的规模。这主要是基于上市公司历史业绩的财务指标，即只有前几年的经营业绩达到一定条件的“绩优”上市公司才被允许可以进行增发或配股。这些都是人们关心的问题。而另一方面，与美、英等发达国家的成熟资本市场不同，中国资本市场是新兴的资本市场，中国的上市公司表现出对股权再融资的强烈偏好。近年来，上市公司股权再融资的增长速度非常快，在整个证券市场的融资规模中占有相当大的比重。有效的再融资可以将有限的资金向最能充分利用资金的上市公司倾斜，从而保证资源的有效配置。

需要说明的是，本节主要考察中国上市公司的再融资行为，而不涉及中国上市公司为何选择 IPO。对研究范围做如此限定，主要基于如下两方面的考虑：一是企业选择 IPO 的动机较为复杂，除了融资动机外，还有分散风险、提高资产流动性、获取外部监督以及品牌效应等（Zingales，1995），即企业 IPO 决策与已上市公司再融资行为在动机方面存在较大差异，因此有必要对这两类行为进行分别考察；二是为了实证考察企业的 IPO 决策，需要将那些具备 IPO 资格但却放弃上市的企业作为对照样本，但限于目前的数据可获得性，还无法有效确定哪些企业属于具备 IPO 资格而主动放弃上市的企业。本章所说的成本，是指从公司市场价值角度考虑的成本——融资方式导致的企业市场价值变化量，而非我们通常意义上理解的成本。影响企业市场价值的因素很多，融资方式只是影响市场价值的一个重要因素，我们直接计算融资方式的成本不太可行。基于上述两方面因素考虑，本章主要考察上市公司的再融资行为决定因素。

6.2　理论分析与研究假设

6.2.1　盈余持续性与股权融资成本

权益资本成本是普通股股东要求的最低报酬率，它是基于信息特别是会计信息而对未来的一种预期。根据有效市场假说（EMH）和资本资产计价模型（CAPM），投资者要求的最低报酬率等于无风险收益率加上风险溢价。Barry 和 Brown（1984）认为，当信息披露不完善时，投资者承担了预测他们投资的未来收益的风险，因此要求额外的风险补偿。如果盈余质量所代表的信息风险是不可分散风险，那么投资者投资决策（投入多少资金或者如何配置资产组合）过程中就会对其定价，影响权益资本成本。盈余质量对权益资本成本有直接影响和间接影响两个方面的作用。关注信息不确定性时，盈余质量作为信息不确定的代理变量直接影响权益资本成本；关注信息分布时，盈余质量通过信息不对称间接作用于权益资本成本。

信息披露水平的提高是否有利于上市公司，具体地说，是否降低公司的信息不对称程度，这是近年来会计研究的重点领域之一。作为信息披露经济后果的重要体现，信息披露质量对股权融资成本的影响是资本市场会计与财务研究的重要课题。国外学者对信息披露质量与股权融资成本之间的关系进行了大量的理论分析和实证检验，其研究表明，在以美国为代表的成熟股票市场上，信息披露质量较高的上市公司股权融资成本较低。一些学者就信息披露对股权融资成本的影响进行了实证检验。20 世纪 90 年代末以来，人们开始关注公司信息披露水平的经济后果，Botosan（1997）最早提供了公司透明度与资本成本之间存在负相关关系的直接证据。Botosan（1997）以美国机械行业 1990 年 122 家公司为样本，发现在控制 B 系数和公司规模的条件下，那些分析师关注越少的公司信息披露质量越高，其由 4 期剩余收益模型计算的股权融资成本越低。Botosan 和 Plumlee（2002）将样本扩大到更多的行业和更多的年份，在控制 B 系数和公司规模的条件下，发现样本公司信息披露质量和股权融资成本之间仍存在微弱的负向关系。Bhattacharya 等（2003）以 34 个国家 1986—1998 年的数据为样本进行研究，发现盈余披露质量越差的国家，其股票市场的股权融资成本越高，股票的交易越不活跃。Francis 等（2004）以美国上市公司 1975—2001 年的数据为样本进行研究，发现在控制 B 系数、公司规模和账面市值比的条件下，信息披露质量越差的公司股权融资成本越高。

信息披露是连接股票市场资金供给方和需求方的重要纽带，信息披露的质量历来受到股票市场各类参与者的高度重视。而股权融资成本作为股票市场资金需求方——上市公司获得资金的代价或者资金供给方——投资者投出资金所要求的回报率，其与信息披露质量之间的关系也就成为资本市场研究的重要课题。由于信息披露质量和股权融资成本都不可以直接观察，以往的研究大都或从理论上进行分析，或对两者进行间接的实证检验。这些研究主要从预测的风险水平和股票的流动性两个方面讨论了信息披露质量对股权融资成本的影响。

首先，从股票市场资金供给方——投资者的行为来看，已有研究认为，在其他条件既定的情况下，投资者要求的回报率与预测的风险水平成正比，未来收益的不确定性越高，投资者要求的回报率就越高；公司通过改进披露，可以降低投资者估计未来收益时考虑的风险水平，从而投资者要求的投资回报率降低，融资成本相应降低。在其他条件既定的情况下，投资者要求的回报率与预测的风险水平成正比，未来收益的不确定性越高，投资者要求的回报率就越高。公司通过提高信息披露水平，可以降低投资者估计未来收益时考虑的风险水平，从而投资者要求的投资回报率降低，股权融资成本则相应降低。例如，Barry 和 Brown (1984) 则发现公司披露水平提高有助于降低投资者的预测风险。Bhushan (1989)、Lang 和 Lundholm (1993)、Lang 和 Lundholm (1996) 等研究发现，增加披露还可以降低分析师对公司有关情况进行预测的不确定性，从而使公司获得更多分析师的关注，分析师之间的预测分歧也较小，相应地，公司的融资成本就较低。Barry 和 Brown (1984)、Handa 和 Linn (1993) 等的研究从理论上证明了投资者会对信息披露水平低的股票赋予更高的风险水平，从而对这类股票需求更小、出价更低、要求更高的投资回报，使得公司的融资成本更高。因此，投资者关系管理较好、信息披露水平较高的公司，能够降低股权融资行为中事前与事后的信息不对称，使投资者面临的道德风险与逆向选择风险降低。一方面，投资者投资这类公司要求的回报率比投资者关系管理较差的公司更低；另一方面，投资者购买信息透明度较高的公司股票的意愿更强，公司股票流动性增大，两方面因素的共同作用降低了股权融资成本。

其次，从股票市场资金需求方——上市公司的行为来看，已有研究认为，公司通过增加信息披露可以减少与投资者之间的信息不对称，使潜在投资者更愿意投资于公司，或者使股票的交易成本降低，从而增强股票的流动性，降低融资成本。增强信息披露水平能够减少上市公司与投资者之间的信息不对称程度，信息不对称程度的降低可以减少股票交易成本，促使投资者对公司股票需求增加，从而增强股票市场的流动性，降低公司的股权融资成本。例如，Diamond（1991）、Kim 和 Verrecchia（1994）通过分析式研究，认为企业如果增加信息披露，可以吸引来自大投资者的投资，或者降低不同类别投资者之间的信息不对称程度，从而增强股票的流动性，降低融资成本。而 Diamond 和 Verrecchia（1991）、Kim 和 Verrecchia（1994）等则认为，如果企业增加信息披露，可以吸引大投资者的投资，或降低不同类别投资者之间的信息不对称程度，从而增强股票的流动性，降低融资成本。Bloomfield 和 Wilks（2000）采用实验研究的方法，发现改进信息披露可以使投资者对股票的出价更高，市场的流动性更强，从而融资成本更低。Amihud 和 Mendelson（1986）、Welker（1995）、Healy 等（1999）等的研究则认为，信息披露质量较高的上市公司，其股票的买卖价差较小，这降低了股票的交易成本，从而融资成本更低。Welker（1995）认为披露水平与股票价差之间存在负相关关系，Welker（1995）通过实证分析得出公司财务披露水平与公司的买卖价差以及债务成本之间存在着明显的负相关关系，进一步论证了信息披露水平越高的公司在证券市场上的买卖价差越小，即资本成本中的信息不对称部分更小，Healy 等（1999）认为企业增加信息披露能够提高股票收益以及股票流动性。Healy 等（1999）提出，公司披露水平的持续、稳定提高有助于提高公司股票的流动性与信用水平。

然而，上述研究都是在发达国家证券市场的环境下进行的，其成果是否在一个发展中国家成立仍有待于进一步检验。总体来看，国外的理论和实证研究普遍认为，信息披露质量与股权融资成本之间存在负向关系，即信息披露质量较高的公司股权融资成本较低。那么我国股票市场的情形又是怎样呢？随着我国股票市场供给、需求和监管三方的发展变化，我国股票市场已经逐步具备了信息披露质量影响股权融资成本的条件。经过 1992—2001 年的密集发行和上市，到 2001 年底，我国上市公司已过千家，投资者能够在相当数量的上市公司之间进行选择，从而股票的卖方市场特征被逐步削弱。与此同时，中国股市在二级市场的过度投机中从 2001 年中期开始步入熊市。由于投资者整体投资意愿降低，此时，存在再融资需求的上市公司就有必要提高信息披露的质量，以降低公司与投资者之间的信息不对称程度，进而降低股权融资成本。从投资者的角度来看，股价的连续下跌和市场整体估值水平的下移直接导致了投资者在发行市场上收益率的降低，甚至出现由于跌破增发价而导致亏损的现象。在这种状况下，为了获取投资回报，投资者必须谨慎对待特定股票的风险水平并加强对上市公司信息披露的关注。此时，信息披露质量的重要性日益得到体现，对于披露质量较高的上市公司，在同等条件下，投资者所要求的回报率就可能比信息披露质量差的公司低，从而其股权融资成本也低。汪炜、蒋高峰（2004）认为，上市公司信息披露水平的提高有助于降低公司的权益资本成本。以 2002 年沪市 516 家 A 股上市公司作为样本，以这些公司 2002 年全年临时公告和季报数量之和作为自愿信息披露水平指数，采用 3 年股利折现模型计算样本公司 2002 年的权益资本成本，研究发现在控制公司规模和财务杠杆率的条件下，全年临时公告和季报数量较多的样本公司当年的权益资本成本较低。他们还对通讯产业专门进行了检验，发现以上关系更加显著。与发达国家的证券市场相比，显然我国证券市场的会计信息披露的质量更低，这表明投资者持有的证券组合中低透明度公司证券的比重就相对更高，从而导致投资者更加难以分散预测风险。因此，在我国证券市场上通过提高信息披露质量而降低权益资本成本的边际收益可能比发达国家更大。我国上市公司的信息披露质量也一直受到人们的广泛关注。以往研究发现，我国上市公司为了达到股权再融资等政策要求，盈余管理行为十分普遍，信息披露质量较低。在这种情况下，我国上市公司的信息披露质量是否会对其股权融资成本产生影响呢？综上所述，本书提出以下假设：

假设 6.1：盈余持续性与股权融资成本呈负相关关系。

6.2.2 盈余持续性与政府监管

长期以来证监会关于再融资发行门槛的相关规定一直备受争议。中国证监会的配股发行监管是否有效呢？和国外的研究相比，国内的研究很大程度上是基于中国证券市场发展的特殊背景下融资企业融资过程中存在的诸多问题，如为了达到融资门槛进行盈余操纵；流通股东的利益受到侵害；融资门槛（资格）设置的有效性检验等方面。一些研究分析了门槛的设置是否真能筛选出“绩优”的公司。

Chen 和 Yuan（2004）以 1996—1998 年申请配股的 A 股上市公司为研究对象发现，政府能对申请配股企业的盈余管理行为起到一定的监督作用，监管部门能够在一定程度上识别企业利用线下项目进行盈余管理的行为，那些盈余管理程度高的企业的配股申请更有可能被政府否决。Haw 等（2005）以 1996—1998 年净资产收益在（10%，11%）之间的A股上市公司为研究对象发现，相比配股申请未通过和未申请配股的公司，配股申请被批准的公司利用线下项目和操控应计进行盈余管理的程度更小。他们的研究结论表明，证券监管部门在配股审批过程中会考虑企业的盈余质量。Chen和Wang（2007）指出，政府基于会计利润设置的配股门槛，不但能够减少配股过程中的逆向选择问题，还能够限制股票供应以及发行新股对于现有股票的稀释作用。总之，关于中国证监会监管效率的研究发现，证监会能够在一定程度上识别企业的盈余管理行为，而且证监会的监管政策具有一定的有效性。因此，本书提出假设：

假设6.2：盈余持续性好的公司更容易获得股权再融资资格。

6.3　实证研究设计

6.3.1　模型的构建

在测算权益资本成本方面，主要的方法有：资本资产定价法（CAPM）、多因子模型法、历史平均收益法、股利折现法、股利增长模型法等。这些方法主要基于企业实际收益计算企业的资本成本。目前应用最为广泛的方法是CAPM法和多因子模型法，这些模型试图以资本资产的各种风险因子来预测其收益。由于投资者来自资本资产的收益便是公司为此应支付的资本成本，因此，通过该方式计算得到的资本收益便是企业面临的资本成本。历史平均收益法由于应用较为简便，其使用范围也较为广泛。而股利折现法和股利增长模型法由于比较难以对未来股利进行预测，其应用范围则较为有限。

本书建立联立方程模型探讨盈余持续性、股权融资成本和政府监管之间的相互关系。模型建立如下：

$$Equitycost = b_0 + b_1PER + b_2Approved + b_3BM + b_4First + b_5Turnover + b_6Assetturnover + b_7Beta + e \quad (6-1)$$

$$Approved = b_0 + b_1PER + b_2Equitycost + b_3Size + b_4CR + b_5Lev + b_6Growth + e \quad (6-2)$$

其中，Approved 政府监管，如果企业的配股和增发申请被证监会审核通过，取值为 1，否则为 0；Equitycost 股权融资成本 = 一般以当年每股股利或当年每股收益除以股票市价作为股权融资成本。

6.3.2 控制变量

账面市值比（B/M）：其含义是公司的账面价值与市场价值的比率。该指标越大，说明公司越不被资本市场所看好，或者说公司的价值被市场所低估，因此，公司的权益资本成本可能就越高。Fama 和 French（1993）、Berk 等（1999）发现，账面市值比（B/M）较高的公司面临较高的系统风险，因而投资者要求的风险溢价较高，但另一方面，也有研究文献表明（Fama 和 French，1993；Lakonishok 等，1994），账面市值比较高的公司其股价常被低估，能够在未来赚取更多的收益，直到股价合理反映公司的价值。较高的未来收益赚取能力导致投资者要求的回报率较低。在实证研究中，很难解决这两者的矛盾（Gebhardt 等，2003）。尽管账面市值比对股权融资成本的影响具有正负相反的两个方面，但同时也体现其在股权融资成本影响因素中的重要性，故本书将其作为控制变量之一。

财务风险（Lev）：企业最优资本结构理论指出，企业负债率越高，则企业面临的破产风险也会随之上升，从而股东相应会要求高回报以弥补其承担的破产风险，即股权成本将上升。学者们在研究时，一般以资产负债率来衡量公司的财务风险，本书也采用了这一指标。

公司的成长性（Growth）：就股东而言，公司的成长性越高，股东未来获得的回报也将越高，公司也将越受到股票市场投资者的追捧，从而公司股权融资的成本可能越低。本书以公司主营业收入增长率来衡量公司的成长性。

公司规模（Size）：公司规模越大，其抵抗公司所面临的各种风险的能力越强，股东所承受的投资风险也越小，因此，公司的股权融资成本也将越低。本书以公司总资产的自然对数来代表公司规模。Size 代表企业规模，以当年总资产的自然对数表示，该变量的符号预期为负，意味着规模大的企业有更好的声誉和较稳定的收入，也容易获得信贷支持，对内部资金的依赖越小（Opler，1999）。

CAPM 模型认为，Beta 系数反映了股票的系统性风险，是企业股权融资成本的主要决定因素，权益资本成本与之正相关。这种正相关的关系也得到了很多实证研究的支持，如 Botosan（1997）、Botosan 和 Plumlee（2002）等。在我国，叶康涛和陆正飞（2004）的研究结果表明，股票 B 系数对股权融资成本的解释能力约为 21%。本书以 Wind 资讯公布的最近 24 个月的 B 系数的平均值作为衡量市场风险的指标。本书变量定义见表 6-1。

表 6-1　　变量定义表

变量	变量名称	定　义
Approved	政府监管虚拟变量	如果企业的配股和增发申请被证监会审核通过，取值为 1，否则为 0

续表

变量	变量名称	定　义
Equitycost	股权融资成本	以当年每股股利或当年每股收益除以股票市价作为股权融资成本
PER	盈余持续性	见第 4 章公式 4－10
Growth	公司成长性	（当年主营业务收入－前一年主营业务收入）/前一年主营业务收入
Lev	资产负债率	总负债/总资产
CR	流动比率	流动资产/流动负债
BM	账面市值比	公司的账面价值与市场价值的比率
Size	企业规模	企业总资产账面值的自然对数
Beta	系统性风险	国泰安数据库的 Beta 系数
First	股权集中度	第一大股东持股比例
Turnover	换手率	成交量/发行总股数
Assetturnover	资产周转率	销售收入和平均资产总额之比

6.4　检验结果与分析

6.4.1　样本选择与数据描述

本书选择 2006—2011 年的上海证券交易所和深圳证券交易所符合配股和增发要求①的 A 股公司作为研究样本。本书的样本

① 具备申请配股资格的企业是指企业基本符合证监会发布的关于配股和增发的相关规定，将净资产收益率（ROE）作为筛选标准。具体而言，根据《证券法》《公司法》和中国证监会于 2006 年 5 月 7 日公布并于次日实施的《上市公司证券发行管理办法》对上市公司增发和配股的相关规定，上市公司增发和配股的一般条件为：上市公司最近三个会计年度连续盈利，最近三年及一期财务报表未被注册会计师出具保留意见、否定意见或无法表示意见的审计报告、最近三年以现金或股票方式累计分配的利润不少于最近三年实现的年均可分配利润的百分之二十（57 号令改为 30%）。

区间选择主要基于以下考虑：盈余持续性指标需要使用再融资前 16 个季度的盈余数据。此外，在各样本期间公告一次配股的公司计入配股样本，公告一次增发的公司计入增发样本，在各样本期间多次公告配股或者增发的公司，采用最近的一次。财务数据来源于 CSMAR 数据库。样本的筛选遵循以下原则：第一，剔除研究期间内，相关变量数据缺失的观测；第二，论文采用 winsorization 的方法对异常值进行处理，对所有小于 1% 分位数（大于 99% 分位数）的变量，令其值分别等于 1% 分位数（99% 分位数）。

在数据选择上，为使描述统计结果更贴切、更接近实际，首先对样本连续变量进行简单的描述性分析，然后采用 winsorization 的方法对异常值进行处理，对所有小于 1% 分位数（大于 99% 分位数）的变量，令其值分别等于 1% 分位数（99% 分位数），目的在于排除奇异值对总体数据的影响，得到描述统计见表 6 - 2。表 6 - 2 反映了总体样本的变量特征。2006—2011 年间所选样本政府监管虚拟变量约为 0.31，在符合配股和增发要求的企业中，大约 1/3 的企业获得股权再融资资格。所选样本企业的平均盈余持续性为 32.525，最高为 48.443，最低只有 26.779，企业间的盈余持续性差异较大，标准差达到 4.000。企业间的股权融资成本约为 47.654，最高为 298.000，最低只有 7.402，企业间的股权融资成本差异较大，标准差达到 52.790。不同公司间的成长性相差也较大，平均成长性为 0.527，而最高值达到 16.988，最低值为 -0.600，公司间的成长性存在一定差异，标准差达到 2.054。所选样本企业的流动比率为 1.565，最高为 8.087，最低只有 0.214，标准差达到 1.195，说明不同公司在流动比率存在较大的差别。此外，公司的规模、债务结构、账面市值比和系统性风险等方面都存在比较大的差异。

表 6－2　　　　描述性统计

	N	极小值	极大值	均值		标准差
	统计量	统计量	统计量	统计量	标准误	统计量
Approved	1791	0.000	1.000	0.314	0.011	0.462
PER	1791	26.779	48.443	32.525	0.095	4.000
Size	1791	8.810	11.179	9.727	0.011	0.485
Equitycost	1791	7.402	298.000	47.654	1.247	52.790
CR	1791	0.214	8.087	1.565	0.028	1.195
Lev	1791	0.075	0.840	0.506	0.004	0.170
Growth	1791	－0.600	16.988	0.527	0.049	2.054
BM	1791	0.149	1.208	0.705	0.006	0.256
Beta	1791	0.472	1.363	0.994	0.004	0.185
First	1791	0.036	0.852	0.393	0.004	0.156
Turnover	1791	0.012	7.755	0.775	0.015	0.618
Assetturnover	1791	0.240	33.482	5.905	0.091	3.844

本书采用 Pearson 相关性分析来检验所有变量之间的相关性关系。由表 6－3 可以看出，一方面，盈余持续性和政府监管虚拟变量之间存在显著的正相关关系，也就是说，盈余持续性越好，所选样本公司的越容易或者股权再融资资格；另一方面，盈余持续性和股权融资成本之间存在显著的负相关关系，即盈余持续性越好，所选样本公司的股权融资成本越低。此外，政府监管虚拟和股权融资成本之间存在显著的正相关关系。从各个变量之间的相关性检验结果来看，各个变量之间的相关系数绝对值都在 0.8 以下，有一大部分变量之间的相关系数在 0.1 以下，这就说明变量之间的相关性比较弱，各个变量之间不存在多重共线性问题，不会对多元回归的结果产生影响。

表 6－3　　　　　　　　　相关性分析

	Approved	PER	Size	Equitycost	CR	Lev	Growth
Approved	1	0.153 **	0.063 **	－0.059 *	0.023 *	－0.073 **	0.177 **
		0.000	0.008	0.012	0.024	0.002	0.000
PER		1	0.089 **	－0.047 *	－0.009	0.022	－0.097 **
			0.000	0.046	0.688	0.351	0.000
Size			1	－0.180 **	－0.255 **	0.431 **	0.001
				0.000	0.000	0.000	0.976
Equitycost				1	－0.069 **	0.030 *	－0.014 *
					0.003	0.025	0.015
CR					1	－0.579 **	0.044
						0.000	0.064
Lev						1	0.096 **
							0.000
Growth							1

注：** 表示在 0.01 水平（双侧）上显著相关；* 表示在 0.05 水平（双侧）上显著相关。

	EC	PER	Approved	BM	First	Turnover	AT	Beta
EC	1	－0.047 *	－0.059 *	－0.393 **	0.074 **	－0.104 **	－0.032 *	0.061 *
		0.046	0.012	0.000	0.002	0.000	0.017	0.010
PER		1	0.153 **	0.000	0.062 **	0.062 **	0.059 *	－0.003
			0.000	0.976	0.008	0.009	0.013	0.892
Approved			1	0.047 *	0.008	0.067 **	－0.067 **	0.024
				0.045	0.721	0.005	0.004	0.319
BM				1	0.128 **	0.163 **	－0.116 **	0.071 **
					0.000	0.000	0.000	0.003
First					1	－0.069 **	－0.007	0.002

续表

	EC	PER	Approved	BM	First	Turnover	AT	Beta
						0.003	0.757	0.926
Turnover						1	-0.041	0.308**
							0.086	0.000
AT							1	-0.062**
								0.009
Beta								1

注：**表示在0.01水平（双侧）上显著相关；*表示在0.05水平（双侧）上显著相关。

6.4.2 回归分析

对样本公司进行实证研究的具体数据结果如表6-4。为了检验假设，本书对数据采用三阶段最小二乘法估计，回归结果如表6-4。表6-4揭示了盈余持续性、政府监管和股权融资成本三者之间的关系。

表6-4　　回归结果

	Coef.	P>|z|		Coef.	P>|z|
Equitycost			Approved		
PER	-0.0003***	0.007	PER	0.0167***	0.000
BM	-0.0465***	0.000	Size	0.0495**	0.011
First	0.0007*	0.058	Equitycost	-0.8707**	0.039
Turnover	-0.0011***	0.000	CR	0.0002**	0.038
Assetturnover	-0.0030**	0.002	Lev	-0.1205*	0.096
Beta	0.0031**	0.012	Growth	0.0025***	0.000

续表

	Coef.	P > | z |		Coef.	P > | z |
_cons	0.0009	0.865	_cons	−0.7474***	0.007
Equation	Obs	"R − sq"	chi2	P	
Approve	1791	0.0448	72.08	0.0000	
Equitycost	1791	0.1934	429.13	0.0000	

注：***，**，* 分别表示显著性水平为 1%，5%，10%。

表 6 − 4 的检验结果显示，在第一个方程中，股权融资成本作为被解释变量，盈余持续性作为解释变量的时候，盈余持续性的系数为正，即盈余持续性越高样本公司股权融资成本越低，通过了显著性检验，拟合度也比较高。因此，假设 6.1 得到了实证结果的检验，即在研究期间，盈余持续性影响样本公司的股权融资成本，质量好的盈余信息可以降低上市公司的股权融资成本。

控制变量的检验结果表明，上市公司资产周转率与股权融资成本呈现负相关关系，公司的资产周转率越高，股东所承受的投资风险也越小，因此，公司的股权融资成本也将越低。另外，换手率也通过了显著性检验，说明换手率越高，则即股权融资成本将下降。此外，Beta 系数与股权融资成本呈现正相关关系，并且通过了显著性检验，这就说明了风险较大的上市公司将承担更高的股权融资成本。账面市值比和股权融资成本呈现负相关关系，并且通过了显著性检验，账面市值比较高的公司其股价常被低估，能够在未来赚取更多的收益，直到股价合理反映公司的价值，较高的未来收益赚取能力导致投资者要求的回报率较低，实证检验结果与 Fama 和 French（1993），Lakonishok、Shleifer 和 Vishny（1994）的研究结果一致。第一大股东持股比例与股权融资成本呈现负相关关系，即股权集中度越高，公司的股权融资成本也将越高。

在第二个方程中，政府监管虚拟变量作为被解释变量，盈余持续性和股权融资成本作为解释变量的时候，盈余持续性的系数为正，即盈余持续性越高样本公司的越容易获得股权再融资资格，股权融资成本的系数为负，即股权融资成本越高获得股权再融资的资格越困难，通过了显著性检验，拟合度也比较高。因此，假设6.2得到了实证结果的检验，即在研究期间，盈余持续性和股权融资成本影响监管部门对样本公司股权再融资资格的审批，质量好的盈余信息可以帮助上市公司获得股权再融资资格，股权融资成本低的公司更容易获得再融资资格。

控制变量的检验结果表明，上市公司规模对政府监管虚拟变量呈现正相关关系，公司的规模越大，越可能获得股权再融资资格。另外，流动比率指标也通过了显著性检验，说明样本公司的流动性越好，越容易获批增发或配股。此外，成长性与政府监管虚拟变量正相关，这就说明了成长性越好的公司越容易获得股权再融资资格。负债比率与政府监管虚拟变量呈现正相关关系，说明负债比率高的上市公司更不容易获得股权再融资资格。回归结果表明，在控制了企业规模、成长性、流动性和资产负债率等因素后，盈余持续性好的企业获得再融资的概率要显著高于盈余持续性差企业。

6.4.3 稳健性检验

我们通过替换变量的衡量指标进行稳定性检验。为了验证上述分析结果的可靠性，本书执行了以下稳健性检验：利用CAPM方法来计算我国上市公司的权益资本成本。

在测算权益资本成本方面，主要的方法有：资本资产定价法（CAPM）、多因子模型法、历史平均收益法、股利折现法、股利增长模型法等。这些方法主要基于企业实际收益计算企业的资本成本。目前应用最为广泛的方法是 CAPM 法和多因子模型法，这些模型试图以资本资产的各种风险因子来预测其收益。由于投资者来自资本资产的收益便是公司为此应支付的资本成本，因此，通过该方式计算得到的资本收益便是企业面临的资本成本。历史平均收益法由于应用较为简便，其使用范围也较为广泛。而股利折现法和股利增长模型法由于比较难以对未来股利进行预测，其应用范围则较为有限。自 20 世纪 90 年代以后，西方公司财务研究关于资本成本的计量基本上认可了资本资产定价模型（CAPM）在确定经过风险调整之后的所有者权益成本中的主流地位。Lowenstein（1991）指出，根据资本资产定价模型所计算出来的所有者权益成本，代表了调整风险因素之后所有者权益资本的机会成本。因此，稳健性检验利用 CAPM 方法来计算我国上市公司的权益资本成本。其计算公式为：

权益资本成本率 = 无风险收益率 + β ×（市场年收益率 - 无风险收益率）

其中：无风险收益率为上海证券交易所交易的当年最长期的国债年收益率 4.5%；β 为上市公司的系统性风险系数。市场收益率为考虑现金股利再投资的年市场收益率。

得到回归结果如表 6 - 5 所示。表 6 - 5 回归结果显示，在第一个方程中，股权融资成本作为因变量，盈余持续性与股权融资成本负相关。在第二个方程中，政府监管虚拟变量作为因变量，盈余持续性与政府监管虚拟变量正相关，即盈余持续性好的公司更容易获得股权再融资资格。上述稳健性检验结果与前文的研究结论并没有实质性差异，表明本节的主要实证结论是稳健的。

表 6－5　　稳健性检验

	Coef.	P > | z |		Coef.	P > | z |
Equitycost2			Approved		
PER	－0. 0149 ***	0. 002	PER	0. 0167 ***	0. 000
BM	－0. 9297 ***	0. 000	Size	0. 0269	0. 287
First	0. 4553 ***	0. 001	Equitycost	－0. 0085 **	0. 049
Turnover	－0. 0056	0. 322	CR	0. 0017	0. 993
Assetturnover	－0. 0692 **	0. 037	Lev	－0. 1558 **	0. 029
Beta	0. 7660 ***	0. 000	Growth	0. 0025 ***	0. 000
_cons	0. 7854 ***	0. 000	_cons	－0. 5828 **	0. 021

Equation	Obs	"R－sq"	chi2	P
Approve	1791	0. 0386	71. 17	0. 0000
Equitycost	1791	0. 1373	285. 13	0. 0000

注：***，**，* 分别表示显著性水平为 1%，5%，10%。

第7章

盈余持续性、投资者感知与定价效率

通过前面三个章节，我们已经得出了公司的盈余持续性如何影响公司的投资效率和融资效率。在本章中，我们将进一步研究公司盈余持续性如何影响市场定价效率。

7.1　引言与制度背景

7.1.1　引言

随着金融市场的持续发展以及金融体系在经济增长中作用的日益显现，证券分析师角色和功能开始得到关注。近年来，随着我国资本市场逐渐走向成熟，价值投资渐成主流，证券分析师已然成为了市场上发现价值，引导资金流向的主导力量，受到市场参与者的广泛关注。我国本土的证券分析师主要由两股力量构成，一是供职于共同基金、养老基金及保险公司等投资机构的买方分析师（buy - side analyst），他们为本机构的投资组合提供分析报告，目的是协助公司获取投资利润。二是由券商雇用的卖方分析师（sen - side analyst），他们向机构投资者、基金经理等出售或免费提供研究报告，提供盈余预测、投资评级等信息，以期吸引上述投资者购买其承销的股票或通过其所属的券商进行证券交易来提高公司的收入。由于买方分析师仅为公司内部提供信息，故学界针对证券分析师的研究主要集中在卖方分析师方面。下文所提及的分析师均指代卖方分析师。

分析师收集上市公司信息，基于对其所处行业的深入了解，加以自主研究分析，作出盈余预测并给出投资评级，集中反映了市场对上市公司未来业绩和股价走势的看法。无论在西方成熟资本市场，还是我国这样的新兴市场，分析师都已成为了资本市场不可或缺的重要组成部分（Holand 和 Johanson，2003；Covrig 和 Low，2005）。盈余预测是财务分析师的主要工作之一，他们利用其专业知识，搜集整合有用信息，预测公司未来的收益，向资本市场提供重要的信息，提高会计信息与股票价格之间传导效率。由于盈余预测信息在资本市场中具有重要作用，分析师的盈余预测行为也成了资本市场研究的一个重要对象（Beaver，2002）。证券分析师在现代资本市场中扮演着会计信息使用者和提供者的双重角色（Schipper，1991；蔡祥、李志文、张为国，2003）。作为会计信息的专业使用者（sophisticated investor），我们关心的是，证券分析师如何利用会计信息，他们的信息集合包括哪些内容，历史会计信息如何体现在盈利预测结果当中。而作为信息的提供者（重要的信息中介），证券分析师利用其专业知识与信息搜寻加工的相对优势，向资本市场提供了许多有价值的信息，其中包括对上市公司会计盈利的预测。对于从事行业及公司研究的证券分析师而言，主要工作之一就是给出所覆盖公司在未来若干年的盈利预测。当公司外部或内部重要因素发生变化时，分析师可以及时更新其盈利预测，这种对外公布的盈利预测数据从而成为财务报告公布前投资者了解公司基本面变化的重要参考指标，并得到学者和业内人士的广泛关注。实证研究表明，分析师的存在为资本市场信息沟通（信息的挖掘、加工和传递过程）起到了重要作用，为提高市场效率做出了贡献。以往资本市场实证研究曾以盈余时间序列的预测值或前期报告盈余作为“市场预期”的估计值，20世纪70年代以来，Brown和Rozeff（1978），Fried和Givoly（1982）等认为分析师的预测可以用来更好地代表“市场预期”。

我们可以想见，投资者之所以对分析师盈利预测及其调整情况表现出统计上相当显著的关注，正是由于市场默认分析师预测是对公司实际业绩水平的合理预期。那么，盈利意外的出现将会带来怎样的市场反应呢？这种反应是否与分析师盈利预测调整的相关结论有一致之处呢？

7.1.2　制度背景

新股发行定价是新股发行体制中的核心问题，其高低决定了利益在发行公司和新股投资者之间如何分配。低定价的程度就是投资者所购入新股的上市首日初始收益率，同时也是发行人出售企业股权所少获得的权益资本。在各国资本市场中，新股发行通常采用两种方式进行定价。一种是发达国家资本市场中常用的市场化定价方式，即一般由发行公司与承销商根据企业自身基本面情况和股票市场环境，首先确定一个发行价格区间，然后通过广告、路演等手段推介发行企业，征集投资者对新股的需求信息，最终根据这些需求信息确定最后的发行价格。另一种是在转型经济国家资本市场中常用的受到监管约束的发行定价方式，这类发行方式下往往由证券监管部门对发行价制定一些约束条件，如根据每股净资产或每股收益来定价等。

管制和转型是当前我国证券市场的主要特征，考察我国发行制度的变迁，可以为解释长期存在的股票一、二级市场巨大的无风险收益提供一个线索。新股发行后上市日二级市场的交易价反映了供求之间的不平衡，由于我国 1992 年 5 月 21 日后沪深两市对新股上市都不再限制首日涨跌幅，监管制度对新股上市日的收盘价没有直接影响。我国新股发行监管制度的演变主要体现在对上市企业的选择和对一级市场发行价的控制上。上市企业的选择上经历了从额度制向核准制的转变。中国股市建立的初衷是为了缓解银行坏账压力，吸引居民储蓄，为国有企业融资解困。新股发行采用行政审批的监管方式，主要实行发行额度的计划管理方式，企业上市的资格一般由地方政府或企业主管部委决定，发行资源的分配具有浓厚的行政和计划色彩。由于额度的限制，一些真正达到上市条件的企业不能及时获得额度，而获得额度的企业中，有的条件尚未具备或并无强大的竞争力。2000 年 3 月，《股票发行核准程序》正式发布，新股发行开始实施核准制，发行公司的推荐人由地方政府转为拥有发行通道的券商。这一转变是向市场化迈进的重要一步，但是核准制并没有脱离实质性审核加价值判断的监管思路。2004 年 2 月，证监会《证券发行上市保荐制度暂行办法》开始实施，是推动证券发行制度从核准制向注册制转变的重要步骤。

发行价的确定上，证监会的监管力度和方式进行了几次调整。从 20 世纪 90 年代中后期开始，新股发行定价主要经历了三个阶段。

第一阶段是 90 年代中后期，新股发行使用的是固定市盈率的定价方法，发行市盈率一般由证监会按照发行时期的不同定在 9—22 倍。

第二阶段从 1999 年 7 月 28 日开始，这一天证监会发布了完善新股发行的通知，通知进一步明确了当年 7 月 1 日开始实施的《证券法》关于发行价由发行人和承销商协商确定的定价方式，同时要求定价时需要参考机构投资者的意见但最终价格仍需要通过证监会的审核。发行定价市场化使新股发行市盈率大大提高，2000 年首发新股闽东电力的发行市盈率达到了创纪录的 88.69 倍。在这一阶段也进行了多种发行方式的实验，最终累计投标制得到监管层的认可和推广。这期间，核准制颁布一年后，2001 年 4 月 19 日，第一家核准制下的上市公司用友软件发行新股，并创造了迄今为止的发行价最高纪录 36.68 元，这也是我国股票发行完全市场化的开始，然而，市场化并没有得到监管层和二级市场投资者的认可。

2001 年下半年国有股减持的受挫，先前几乎所有市场化发行的新股在当时都跌破了上市首日的收盘价，甚至不少股票跌破发行价，使投资者承担了高价发行的巨大风险。管理层决定，恢复在首发新股中采用控制发行市盈率的做法，一是发行价格区间的上下幅度约为 10%，二是发行市盈率不超过 20 倍。券商和发行人只能在严格的市盈率区间内通过累积投标询价决定股票的发行价格，这一阶段，几乎历次 IPO 都将发行市盈率定在上限。后来，证监会又进一步将首发新股的融资额限制在发行前净资产的 2 倍。

7.1.3　文献综述

鉴于盈利信息在资本市场中的重要作用，证券分析师的盈利预测也就成为资本市场研究中的一个重要分支，包括盈利预测偏差的分布、预测偏差产生的原因（Schipper，1991；蔡祥等，2003；Ghosh 和 Moon，2005；吴东辉和薛祖云，2005）。学界针对分析师预测展开的研究涵盖了分析师数量、预测准确度、预测分歧度、预测的系统性乐观/悲观偏误、预测误差的分布以及预测误差的决定因素等多个角度，充分说明了这一领域的重要意义。由于我国目前的证券分析师的市场还不发达，这一领域的研究依然稀少（蔡祥等，2003），尤其是作为信息使用者的证券分析师的研究，这部分归结于盈利预测数据搜集的困难（吴东辉、薛祖云，2005）。

（1）关于盈余预测信息市场反应的研究

Givoly 和 Lakonishok（1979）以标准普尔公司 1967—1974 年间的分析师盈余预测信息为样本，首次对分析师盈余预测更新的信息含量进行了研究。他们发现，在盈余预测更新发布前后的 4 个月内，相应股票都具有显著的超常收益率。具体来说，对于盈余预测上调幅度超过 5% 的股票，盈余预测更新所在月份之后 2 个月内的股票平均超常收益率达到了 2.7%，即使考虑到交易成本，仍然能给投资者带来利润。Abdel 等（1982）以美林公司所提供的股票盈余预测信息为样本，研究了分析师预测信息两次发布——第一次是信息由分析师传递给券商内部和大客户，第二次是在期刊上公开发布的市场反应。对比分析显示，股票盈余预测更新的二次发布仍然具有信息含量，但是只有信息的一次发布可以用来设计能盈利的交易策略。与 Abdel、khalik 和 Ajinkya（1982）不同，Stickel（1991）对 83 家券商分析师报告的研究显示，盈余预测更新程度的大小对信息发布后长达半年的股票超常收益率都有影响，并且市场对一名分析师新盈余预测的期望值倾向于停留在该分析师前次预测的水平上，而没有充分吸收在此期间其他分析师的预测所提供的信息。据此构建的套利投资策略在盈余预测更新后半年内可以获得超过13%的超常收益。Francis和Soffer（1997）则首次将股票推荐评级和盈余预测更新两种信号作为共同的研究对象，研究它们彼此所提供的增量信息。实证结果显示，盈余预测与股票评级的信息没有互相包含，控制了两者之一后，另外一个因素的系数仍然显著；作者还发现，当报告发布了有利的股票评级时，投资者对盈余预测更新更为依赖，这说明投资者已认识到分析师倾向于发布有利的股票评级，因而对其给予了较低的重视。

在已有的针对美国市场的研究中，Elton等（1981）通过实证检验发现，正确估计分析师一致预测的调整（consensus forecast revisions）要比精确预测实际盈利数值本身带来更多回报。Hawkins等（1984）指出，投资于具有正向盈利预测调整的公司将带来14.2%的年超额回报。Stickel（1991）也明确指出，分析师盈利预测调整确实会影响股票价格。在美国以外的一些证券市场上，也有类似的研究结论：Bencel（1994）研究了美国、法国、德国、日本等国资本市场，发现分析师盈利预测调整均可以帮助赚取超额回报。Ariff等（2001）发现，在马来西亚，投资者可以通过对分析师盈利预测调整情况的前瞻性预期来选择股票组合进行投资并获利。Chang等（2002）对10个新兴资本市场进行研究发现，基于分析师预测的上调水平构建投资组合可以获得超额回报。Lima和Kong（2004）对亚太市场进行研究也发现，分析师预测调整与股票回报间存在正比例关系，也就是说，分析师盈利预测的上调（下调）会带来正的（负的）超额回报。我们发现，大量文献都致力于研究分析师盈利预测调整带来的股价影响，基本可以证实二者正向关系的存在，且这一关系足以为相应的投资者带来超额回报。但鲜有学者对分析师盈利预测的误差，即盈利意外，可能带来的股价影响进行全面的分析。

（2）财测误差的解释

分析师财测存在普遍的乐观倾向引起了很多学者的兴趣，他们建立起各种各样的假说来对此进行解释，大致上可以归纳为以下几种。

①利益驱动说。投资银行的主要业务是为公司发行权益股票和债券，为公司并购提供服务，从中收取佣金。投资银行旗下的分析师签发乐观的财测可以帮助投资银行的业务部门开展工作并且从中获得报酬。制约分析师签发过于乐观财测的因素有个人名声，未来职业发展等，最终会影响到收入水平。财测准确可以提升个人在业内的排名，但误差却会令排名下降。为投资银行工作的分析师和独立分析师相比，财测的乐观程度更高。

②信息沟通说。研究发现，当上市公司和投资者之间的信息不对称程度较高的时候，分析师更倾向于通过签发偏乐观（而不是偏悲观）的报告以引起公司高管的注意，从而获得与这些高管沟通的机会。和管理层建立良好的联系，可以获得更多的信息流，以使未来的财测更准确，分析师的报告因而含有更多的信息内涵，弥补信息不对称造成的市场效率盲点。Das等（1998）认为，财测偏差虽然会误导市场，但公司的高管却乐于见到这样的现象，因为这会给公司与中介机构制造合作的机会。

③盈余偏态说。假定分析师了解自己财测存在普遍偏差，为使预测更精确，尽可能采取措施使得财测误差平均值的绝对值最小化，那他们会怎么做呢？Gu和Wu（2003）认为，最理想的财测是盈余的中位数而非平均值。如果报告盈余是偏态的，那么中位数就不是平均值而财测误差就出现了。因此财测误差是理性的，并且可预期。无论偏差与时间有关还是与公司属性有关，盈余偏态对财测偏差的解释力都是显著的。若报告盈余是负偏态，

则分析师财测就必须是正偏态。Gu 和 Wu（2003）认为，分析师财测的正偏或者负偏都可以由这一假说来解释。根据盈余偏态假说，在整体经济向好时期，分析师财测应当是偏悲观的；而在经济步向衰退时期，分析师财测应当是偏乐观的。不过，Gu 和 Wu（2003）未解释分析师为何会有“误差平均值的绝对值最小化”的动机。

④盈余管理说。管理层操纵盈余，使得分析师失去对公司盈余的判断，从而出现财测偏差。Abarbanell 和 Lehavy（2003）认为误差与分析师动机和认知能力无关，由于一些公司管理层操纵盈余金额太大，从而使得分析师对这些公司的预测出现很大的偏差，最后导致整个研究结果被少数金额大的样本控制。

⑤认知偏差说。根据 Tversky 和 Kahneman（1984），James（1989）等人的行为学理论，DeBondt 和 Thaler（1990）等文献，认知偏差假说可以用来解释分析师财测误差正偏现象。他们提出的假说认为，分析师对盈余相关信息存在系统性的过度反应，体现为财测过度乐观现象。不过，分析师对好消息和坏消息的反应并非对称性；通常对好消息的正向过度反应超过了对坏消息的负向过度反应。Elton 等（1984）证实了分析师对好消息的过度反应；而 Easterwood 和 Nutt（1999）还证实了分析师对坏消息反应不足。为何分析师对两类信息的反应程度不对称，文献未有解释。Friesen 和 Weller（2002）受贝叶斯信息传递理论启发建立模型，把分析师认知偏差从理性行为中分离出来，从而可将认知偏差量化。

除了上述五种用来解释分析师财务偏差的假说外，还有 Brown（1998）的羊群行为说，Huberts 和 Fuller（1995）认为报告盈余的预测性差，McNichols 和 OBrien（1997）认为分析师未公开机构投资者或公司高管可能不喜欢的（负偏）财测，等等。

(3) 国内研究

相比欧美，中国股票市场是一个新兴市场，虽然经过了20年的发展已经在逐渐完善，但依然处于借鉴摸索阶段。因此，中国股票市场的分析师行业还是一个非常年轻的行业，早期发展不规范，直到近几年才有了比较显著的发展。姜国华（2004）认为，中国证券分析师的分析和预测能力与国际上资本市场比较发达国家的证券分析师还有相当的差距。胡奕明等（2005）发现，目前中国证券分析师行业发展比较落后，分析能力和水平亟待提高。关于分析师对其私人信息的倚重程度，胡奕明等（2005）发现，分析师非常看重信息资源的优势，私人信息已构成分析师获得声誉的基础。郭杰等（2009）指出，由于分析师追求更高外在显示能力的主观动机和中国上市公司较差的信息披露质量，因此在对公司进行预测时，往往对其私人信息赋予较高的权重。尽管水平有待提高，但王征等（2006）仍支持中国分析师的建议具有投资价值这一观点。朱红军等（2006）的研究表明，中国分析师的信息搜寻活动可以提高股票价格的信息含量，从而提高中国资本市场的运行效率。岳衡等（2008）认为，相对以年度数据为基础的统计模型得出的结果，中国分析师的盈余预测具有一定优势。吴东辉、薛祖云（2005）选取国泰君安证券研究所发布的2001年度盈利预测作为样本，首次较为系统地研究了我国证券分析师盈利预测的准确性、盈利预测的价值相关性以及盈利预测数据公布的市场反应，结果发现我国证券分析师的盈利预测具有较强的价值相关性，其准确性高于随机游走模型，而且市场对分析师的预测做出了显著的反应，这说明我国证券分析师对市场上的投资者提供了有价值的信息。

林翔（2000）采用事件研究法对国内证券咨询机构的荐股行为进行分析，以《中国证券报》“咨询机构看市场”栏目中的股评为样本，以推荐前 8 周后 12 周为窗口分析了股票的超额收益和成交量，结果认为证券咨询机构握有一定的私有信息，但在栏目荐股的时候已经不是信息的首次扩散。朱宝凯和王怡凯（2001）延续了林翔的研究，以《上海证券报》“为您选股”专栏荐股为样本，按短期和中期两个时间长度对样本的投资收益进行分析，认为短期投资组合有正的超额收益，中线投资组合有负的超额收益。这是对分析师荐股行为的研究，而非分析师对上市公司盈利的预测行为的研究。胡奕明（2003）通过问卷调查对国内分析师报告的信息来源、关注域和分析工具进行分析、认为国内分析师工作经验不足，获取信息的手段主要是公开资料，对财务等信息关注度高但对公司治理和审计师意见不重视，分析技能差。可能因为缺乏研究所需的数据，所以对分析师财测的研究在国内几乎没有展开。但 2000 年以来，国内机构投资者对价值型报告的需求迅速增长，境外合格机构投资者（QFII）的进入带来了新的研究风气，为国内分析师行业的发展创造了良好的环境。分析师对于上市公司的季度、半年、年度和长期盈利预测以及对盈利预测的修正等报告开始格式化，目前预测的对象短期财测以每股收益为标准，长期财测以未来三至五年盈利增长为标准。

综上所述，研究国内分析师财测行为及其影响因素，分析师财测对市场效率的影响，分析师财测和盈余构成的关系等具有很强的理论意义和实践指导意义。虽然和发达国家相比，国内分析师行业存在的历史略显短暂，但其从“股评家”的形象到职业“分析师”的脱胎换骨何尝不是见证了中国股市从投机到价值投资的转型和发展呢？对分析师财测的研究可以帮助我们了解分析师这个中介组织在国内资本市场的效率中扮演的角色，及其价值取向；还可为研究分析师投资评级及其经济后果打下基础。若进一步对分析师的财测修正行为进行研究，则可帮助我们了解分析师财测的精确程度随着时间窗口的变化而演进的过程，以及会计盈余的构成和分析师财测误差之间的关系等。

7.2 理论分析与研究假设

按照通行的财务理论观点，一家公司的股票价格是由其未来的现金流量（或股利）按一定的贴现率进行折现的现值。而会计的盈余信息在这其中的作用就是改变投资者对未来股利支付能力的信念，进而改变股票价格。发行公司对外披露财务会计信息及其他相关信息，可以在一定程度上降低信息不对称程度。信息处理与资本配置是证券市场的两个基本职能，以股票价格引导资本实现合理配置则是证券市场运行的内在机制。Tobin 把股票市场的功能效率（Functional Efficiency）定义为股票价格能够引导资本朝价值最大化的方向配置，即当股票价格能够有效引导资本配置时，股票市场是功能有效的。股票市场要达到功能有效，其隐含的前提条件是市场的信息处理机制必须是有效的，即股票价格必须能够充分、准确、及时、有效地反映公司的基本面和特质信息。

盈余持续性与股票定价的联系则来自于对盈余反应系数（ERC）的相关研究。自 Ball 和 Brown 的经典文献验证了盈余信息对股票定价的有用性以后，学者们对盈余和股价关系做了深入的研究，其中就包括 ERC 决定因素的研究。Miller 和 Rock（1985）在其跨期模型中说明，收益对盈余创新（未预期盈余）反映的数量是盈余持续性的函数。Kormendi 和 Lipe（1987）、Easton 和 Zmijewski（1989）用实际的公司数据验证了上述结论。

将盈余持续性同股票定价结合的集大成之作是 Ohlson 模型的提出。根据 Ohlson 模型，股票的市场价值是权益账面价值、超常收益和其他信息的线性函数，并且权重取决于以超常收益的持续性参数和其他信息的持续性参数以及资本成本表示的系数。特别地，超常收益的持续性参数越大，其在定价中的权重也就越大。

西方文献广泛讨论和研究了 IPO 抑价现象，提出多种分析模型与理论解释，如信号传递（Allen 和 Faulhaber，1989）、赢家诅咒（Roek，1986）、信息瀑布（Weleh，1992）和诉讼规避（Tinic，1998）等。其中，对财务会计信息与 IPO 抑价关系的考察主要基于信息不对称理论。根据信息不对称理论，如果能够有效地降低 IPO 过程中的信息不对称程度，IPO 抑价也将随之而降低。Leone 等（2007）考察发行公司在招股公告书中对筹资额用途的披露是否能够降低 IPO 抑价程度，结果表明，自愿披露筹资额用途的发行公司能够帮助外部投资者在一定程度缓解事前不确定性，减小信息不对称程度，从而降低 IPO 抑价。

Boulton 等（2008）关注财务会计信息质量的跨国差异是否能够解释首日回报的跨国差异。他们认为，IPO 抑价与国家层面的财务会计信息质量之间具有负相关关系。通过检验来自 34 个国家或地区的 7306 个 IPO 事件，结果发现国家层面财务会计信息质量与 IPO 抑价之间的关系具有统计上和经济上的显著性。其中，样本的首日回报平均为 27.5%，财务会计信息质量提高一个标准差导致 IPO 抑价下降 3.2%。这意味着二级市场在对发行公司定价时充分使用了其财务会计信息，中小投资者能够在一定程度上识别发行公司对会计操控权的使用，在平均意义上给予使用会计操控权增加报告盈余的公司一个折价，从而表现出更低的 IPO 抑价。基于美国资本市场的制度背景，Xiong（2003）分析和考察了发行公司上市前的盈余管理与 IPO 抑价的关系。如果投资者对公司的定价主要依赖于公司提供的盈余信息，或者投资者认为发行公司的报告盈余是公司未来获得高业绩的一个值得信赖的信号，发行公司有动机实施收益增加的盈余管理行为以提高发行价格。但提高发行价格也为发行公司带来了潜在的成本，比如带来更高的诉讼风险。因此，发行公司是否实施收益增加的盈余管理行为取决于对期望收益和潜在成本的综合考虑。作者指出，由于承销商更有可能发现发行公司报告盈余中的盈余管理行为，发行价格的定价基础很可能是盈余管理前的真实盈余，而由于信息不对称的存在，二级市场对公司定价的基础是包含了盈余管理的报告盈余。因此，IPO 抑价实际上是由于二级市场基于包含了收益增加盈余管理行为的报告盈余对公司进行定价，从而高估公司价值所导致。但作者没有进一步分析如果发行价格是以真实盈余为定价标准，为什么发行公司仍然有动机实施收益增加的盈余管理行为。在研究设计方面，作者只关注操控性应计与 IPO 抑价的关系，而忽视了其他盈余组成部分的影响。留美学者 Xiong（2003）提出：新股并不是有目的地定价偏低，抑价是因为二级市场上的投资者不能识别企业 IPO 前的盈余管理行为。于是她采用美国证券市场 1998 年 1 月至 2000 年 12 月间的首次公开发行的数据，对 IPO 前的盈余管理能否合理解释 IPO 抑价现象进行了研究。基于 IPO 前的盈余管理对一级市场和二级市场的影响不一样，初级市场上的投资团体或个人能够识别 IPO 前的盈余管理行为，并由此使得 IPO 首发价格接近其内在价值，那么 IPO 前实际盈余的估量值比 IPO 前的报告盈余更能预测 IPO 的发行价，而二级市场上投资者并不能识别 IPO 前的盈余管理行为，主要依靠报表数据来进行投资决策，那么 IPO 前报告盈余更能预测首日收盘价。

受到 Xiong（2003）的启发，陈共荣和李琳（2006）使用同样的方法考察了中国资本市场2000—2004年间首次公开发行股票公司IPO前盈余管理行为与IPO抑价的关系。作者发现我国A股市场存在较高的抑价现象，IPO前盈余管理行为与IPO抑价显著正相关。

首次公开发行过程中，“近三年连续盈利”的条件决定着公司能否发行股票，对那些达不到法定要求却又希望公开发行股票的公司而言，势必借助财务包装（financial packaging）的手段，勉强或欺诈上市。而后，能够公开发行新股的公司由于其披露的会计盈余信息是投资者据以进行投资决策的重要信息来源，对股价产生直接影响，新股价格又对IPO企业发行收益有直接的影响，所以IPO企业很可能在公开发行前进行盈余管理来影响投资者决策从而达到增加发行收益的目的。同时应计制的存在、会计政策选择和运用的弹性、加之公司的招股说明书是在模拟股份制运行的假设前提下列示比较财务报告，重大会计调整必须予以追溯调整，这就又为发行者创造了在一定长度的时间序列内进行收益平滑、盈余管理的机会。Loughran和Ritter（1997），Aharony等（1997）都发现公司在IPO当年的报告盈余达到最高水平，随后下降，公司盈余往往以IPO当年为分界线呈V形。国内有林舒和魏明海（2000）通过实证研究发现工业类公司总体上在IPO前运用盈余管理手段大幅度美化了报告盈余，导致募股后报告盈余表现相对募股前大幅度下降。有关公司IPO前后过程中的盈余管理的研究IPO抑价的影响因素的研究，国内外都已有多项成果，那么IPO前的盈余管理与IPO抑价现象之间是否有某种直接的关联，国内外在这方面的研究成果不多见，尤其在实证研究领域。

中国资本市场早期监管部门对新股发行的审核制度采用审批制，实施额度管理的方法。在信息披露机制不完善和市场机制不健全的资本市场发展初期阶段，这种方法有利于加强地区间的竞争，缓解监管部门信息收集和甄别发行公司质量的困难（Rstor和Xu，2005）。2001年，中国资本市场新股发行管理制度从审批制向核准制转变，额度控制的方法不再实行。随着信息披露制度不断完善，市场机制不断加强，IPO发行定价逐渐成为监管部分。发行公司、承销商、机构投资者、中小投资者等参与主体在基于一定信息分布下的共同博弈的结果。特别是，2006年股权分置改革基本完成之后，IPO发行定价参与主体基于市场价格的利益基础更加趋于一致。在现行的制度背景下，虽然监管部门的管制仍然是造成IPO抑价的重要因素之一，但各个利益主体博弈的空间与审批制下有了很大程度的提高，以财务会计信息为主的公司信息得到了更高程度的应用。李志文和修世宇（2006）指出由于公司的发行价格已经被限制在一定的水平以下，并且这一水平足以吸引到足够的投资者，发行公司并不需要担心新股发行有失败的风险，也就不会考虑通过抑价发行的方式保证股票发行的顺利进行，发行公司内部人仍然有动机通过盈余管理提高公司股票发行价格。Xiong（2003）认为二级市场的投资者主要根据发行公司的报告盈余对公司进行定价，并不能识别发行公司对会计操控权的使用，因此，如果发行公司内部人使用收益增加的会计操控权调整公司报告盈余，二级市场往往会做出过度反应，从而表现出更高的IPO抑价。陈共荣和李琳（2006）也持有类似观点，认为中国资本市场中小投资者主要依赖于发行公司报告盈余进行定价，并不能有效识别发行公司对会计操控权的使用。然而，以上分析假定二级市场股票价格不能有效反映发行公司真实价值，这与分析IPO抑价主流理论并不一致。根据有效市场假说，一旦发行公司股票上市交易，二级市场的股票价格对公司信息进行充分反应，以反映公司预期的真实价值。IPO抑价衡量的是发行公司首日股票收盘价格与发行价格的差异率，因此，如果发行公司出于机会主义动机使用操控性应计提高公司发行价格，而二级市场在首日能够形成反映公司真实价值的股票价格，就会对这类公司给予一个折价，首日股票收盘价格会更低，产生较低的IPO抑价。虽然Xiong（2003）的经验证据表明操控性应计与IPO抑价具有正相关关系，但由于研究设计中并没有考虑非操控性应计和现金流量的影响，操控性应计与IPO抑价的正相关关系有可能是一种假象（Desai等，2004；Armstrong等，2008）。因此，提出假设：

假设7.1　获得股权再融资资格的企业中，盈余持续性好的企业表现出更高的SEO抑价。

在有效资本市场中，公司股票价格应该等于其内在价值，而公司内在价值取决于其未来的盈利能力和风险，因此，准确的盈利预测有助于对公司进行合理定价。通常情况下，盈利预测信息主要来源于公司管理层、证券分析师和统计模型。在国外，专业的证券分析师出现于20世纪60年代，是资本市场高度发展的产物。20世纪90年代，股评家、庄家是证券市场上炙手可热的人物，他们的所言所行直接影响到股票的涨跌。证券分析师的主要工作之一就是对不同公司进行盈利预测，他们通过收集各类数据和各种信息来分析特定公司的经营活动，并以此预测公司的未来发展状况。分析师的盈利预测既被广大投资者用来作为投资参考，又被研究者广泛地作为盈利预期的代理变量，成为理论研究的一项基础数据，同时其评价又能对上市公司的经营管理行为本身起到一定的监督和警示作用。因此，证券分析师的分析能力、分析质量及盈利预测准确度对证券市场发展具有重要的理论和现实意义。因此，本书提出假设：

假设7.2　分析师预测误差越大，企业表现出更低的SEO

抑价。

作为资本市场中重要的信息中介，证券分析师利用其专业知识与信息搜寻加工的相对优势，向资本市场提供了许多有价值的信息，其中包括对上市公司会计盈利的预测（SchipPER，1991；蔡祥等，2003）。证券分析师进行预测的信息集包括公共信息和私有信息（Barron 等，1998），前者为所有分析师所知晓，后者则是分析师个体所特有。大量研究发现，上市公司发布的公开信息是证券分析师进行盈利预测的重要信息来源（SchipPER，1991）。相比私有信息，公共信息因为获取成本较低，导致其成为分析师进行盈利预测时重要的信息来源，上市公司信息披露透明度越高，意味着其披露的与上市公司价值相关的信息的数量越多、及时性越强、准确性越高（张育军，2002），针对我国证券分析师预测信息来源的调查发现，26.09%的分析师将“上一年度每股收益”“本年度各季度每股收益”和“上市公司临时公告”列为最重要的信息来源，有24.64%的分析师将“行业分析资料”列为对上市公司每股收益进行预测时最重要的信息。Brown 等（1987）通过解析模型的推导，得出如下推论，即分析师平均预测误差是信息质量的减函数。上市公司发布的公开信息是证券分析师进行盈利预测的重要信息来源（SchipPER，1991）。在私有信息一定的情况下，上市公司发布信息的质量好坏自然可能对分析师预测的准确性产生影响。此外，Byard 和 Shaw（2003）研究发现，信息披露质量的提高不仅显著改善分析师公共信息的精度，而且显著提高了其私有信息的精度，从而其盈利预测的准确性显著提高。因此，上市公司信息披露透明度不仅直接影响到证券分析师可获得的公共信息的数量和质量，而且对证券分析师全部信息集的数量和质量都产生了影响。可以预见，随着分析师可获得的信息数量的增加和信息质量的提高，其预测的准确性自然也会提高。

在我国，财务分析师最主要的信息来源是上市公司披露的年报、半年报和季报，可以预见，以会计报告为主的公共信息的质量会对分析师预测的准确度以及分析师之间的预测分歧产生影响。上市公司信息披露的内容越充分、越完整、越及时和越准确，即披露质量越高，意味着证券分析师进行上市公司盈余预测时可以利用的公共信息越多，信息质量越高，证券分析师盈余预测准确性就会越高。同样，如果我国证券分析师市场是一个竞争性市场，那么对信息披露程度低（公共信息少）的上市公司，私有信息将更有价值，证券分析师将更有动力通过个人的努力取得私有信息以提供更有价值的预测信息，这样，信息披露程度越低，证券分析师进行预测时的私有信息持有状况差异越大，分析师预测的结果差异程度也越大。

从财务分析师盈余预测过程来看，一般认为营业利润的持续性要高于非经营性利润（包括投资收益、补贴收益和营业外收支等），因此，如果公司的利润中更多是由非经营性利润构成，则该公司的未来盈余具有较大的不确定性，可预测性更低。Butler 和 Lang（1991）的研究是根据“价值线”盈余可预测性排名先后检验其与分析师盈余预测的关系，发现如果公司盈余越容易预测，则跟进的分析师平均年度预测错误越小，预测错误的标准差也越小。Eames 和 Glover（2003）也认为，公司的盈余可预测性越好，分析师的预测准确度就会越高。因此，我们认为，上市公司的可预测性与分析师盈余预测准确度正相关。另外，从企业未来发展的角度出发，非营业利润的持续性和可比性较低，分析师对未来盈利发展的主观判断成分较大，相应地，可预测性差的公司，分析师盈余预测分歧度更高。因此，本书提出假设：

假设 7.3　盈余持续性与分析师预测误差呈负相关。

7.3 实证研究设计

7.3.1 模型设计

（1）分析师的盈利预测准确度模型

截至目前，国外很多学者已构建了一些模型来衡量证券分析师的盈利预测准确度。比较常见的有：第一，绝对预测准确度，如 Crichfield 等（1978）和 Huberts 和 Fuller（1995）分别提到的，准确度主要通过盈利实际值和预测值的比较得出，同时为加强公司间的可比性，预测误差常除以盈利或股价进行标准化；第二，相对预测准确度，Clement（1999）和 Bulter（1991）分别将分析师的个人预测误差与整体预测误差的均值或中位数进行比较，从而用于评价某一分析师相对于其竞争对手的预测能力高低；第三，胜过一致意见的频率，Bulter 和 Lang（1999）在其构建的模型中指出，如果某一分析师的预测一直比其他分析师的预测更接近公司盈利的实际值，则他就能被称为“明星”分析师。

（2）因变量的度量

这里，分析师的盈利预测定义为其研究报告里的预期每股收益（EPS），预测偏差即指分析师预测的 EPS 与所跟进公司的真实 EPS 之间的差值。因为不同上市公司的基本情况不同（如财务状况、所属行业、上市时间等），市场状况也不同，因此对于不同公司的盈利预测的难度也会不同，也就是说，分析师的盈利预测存在公司层面的影响。同时，即使是对同一家公司的盈利进行预测，在不同的年份由于宏观经济环境、公司状况、投资者偏好等的变化，也会导致盈利预测难度的变动，也就是说，分析师的盈利预测存在预测年份的影响。因此，在对分析师盈利预测准确度进行评价的时候，要控制公司和预测年份这两个影响因素。Clement（1998）发现，相比较分别控制公司和预测年份影响的模型，同时控制公司和预测年份的模型更能区分分析师盈利预测误差的系统性差异。

本书选用预测误差比率来表示盈余预测精度，显而易见，二者呈反向关系，即盈余预测误差越大，说明盈余预测准确度越低，计算公式如下：

$$Precision_{it} = (FEPS_{it} - AEPS_{it}) / AEPS_{it} \tag{7-1}$$

其中，$Precision_{it}$表示财务分析师对i公司t年度每股收益的预测误差，AEPS是每股收益实际值，FEPS是每股收益预测值。由于一家公司可能有多个分析师跟随预测，因此，对于FEPS的取值有两种方法，即取预测值的中值，或者取预测值的均值。由于很多财务数据（包括收益）的分布都是不对称的，研究人员一般假设分析师关注的准确性指标是收益预测的绝对平均误差，而会计收益分布的中位数才是使得绝对平均预测误差最小化的点。为避免将不存在的预测误差归之于分析师失误，本书选取分析师盈余预测的中位数作为分析师一致预测值，即FEPS。之所以分子、分母都取绝对值，是因为无论预测偏差是正向的还是负向的，都是不精确的预测。

（3）控制变量

一般来说，影响分析师盈利预测准确度的因素有很多，主要可以分为两类：一类是公司因素，即分析师所研究公司的相关特征，如公司规模大小、所属行业等；另一类是分析师的自身因素，包括分析师的经验积累、所处的工作环境、所使用的分析工具和掌握的分析技能以及所使用信息的来源和信息收集方式等。Clement（1999）发现，分析师的预测准确度与分析师的经验、所就职券商的公司规模有正相关关系，与证券分析师跟进的公司数和行业数有负相关关系。Rees 等（1999）也发现，分析师的工作经验、投资组合复杂度和工作环境会影响到分析师预测的准确度，在大券商就职的证券分析师预测准确度更高。

盈余的可预测性。国外的部分实证研究（Das 等，1998；Eames 和 Glover，2003）认为，公司的盈余可预测性越好，分析师的预测精度就会越高。在财务分析过程中，一般认为营业利润的持续性要高于非经营性利润（包括投资收益、补贴收入和营业外收支等），因此，如果公司的利润中更多是由非经营性利润构成的，则该公司的未来盈余具有更大的不确定性，更难预测。国内外大量的研究结果表明，盈余管理普遍存在于资本市场中，人为操纵后的利润必然会改变其本身的时间序列特征，这样会给分析预测带来困难。当然也有研究表明，经过管理后的盈余将会变得更加平滑，易于预测，但前提条件是盈余管理的动机是建立在传递更为有用的信息基础上而不是通过操纵获得私人利益为目的。

上市公司规模。Brown 等（1987）的研究显示，被预测公司的规模代表了分析师可得信息集的维度。公司规模越大，社会公众对公司的关注度越高，分析师可得信息集的维度越广，在其他因素一定的情况下，信息数量的增加有助于提高分析师盈余预测的准确性，即公司规模越大，分析师盈余预测准确度越高。然而，随着公司规模的扩大，公司一方面可以通过召开信息发布会、提高媒体曝光率等形式增加公共信息的供给，起到降低预测分歧的作用；另一方面，由于大公司的股票交易活跃、上市时间相对长等原因，比小公司吸引更多的分析师跟随，分析师搜集私有信息的动机更强烈，也更容易建立稳定和持久的私有信息搜集渠道，有增加预测分歧的作用。两个相反作用的相对大小无法确定，因此，公司规模对于分析师盈余预测分歧度的影响也无法确定。

建立联立方程模型探讨盈余持续性、分析师盈余预测误差和发行抑价率之间的相互关系。建立联立方程如下：

$$Precision = b_0 + b_1 PER + b_2 PC + b_3 EM + b_4 Growth + b_5 Size + e \tag{7-2}$$

$$IR = \beta_0 + \beta_1 PER + \beta_2 Precision + \beta_3 Size + \beta_4 LnK + \beta_5 TurnO + \varepsilon \tag{7-3}$$

其中 Precision 分析师预测精确度 = 每股收益的预测差额/实际每股收益，之所以分子、分母都取绝对值，是因为无论是正的预测偏差，还是负的预测偏差都是不精确的预测；PC 可预测性 = 非营业利润/利润总额；EM 盈余管理动机，虚拟变量，公司巨亏（每股收益 < -0.2 元）或微利（每股收益 >0 且 <0.05 元）取 1，否则取 0。我们用下式计算样本中每家企业的上市首日收益：IR = $P_1/P_0 - I_1/I_0$。其中：IR = 上市首日收益（发行抑价率）；P_1 = 上市首日收盘价；P_0 = 发行价；I_1 = 上海/深圳证券交易所在该股票上市首日的市场收盘指数；I_0 = 该股票上市前一日的市场收盘指数。IR 表示发行抑价率；LnK 表示发行公司筹资额的自然对数；TurnO 表示发行公司首日交易换手率。见表 7 - 1。

表 7 - 1　　变量定义表

变量	变量名称	定　义
Precision	分析师预测精确度	每股收益的预测差额/实际每股收益
PC	可预测性	取非营业利润/利润总额的绝对值
EM	盈余管理动机	如果具有利润操纵动机［公司巨亏（每股收益 < -0.2 元）或微利（每股收益 >0 且 <0.05 元）］，EM =1，否则为 0

续表

变量	变量名称	定　义
Growth	公司扩张速度	股本增长百分比
Size	公司规模	总资产的自然对数
IR	发行抑价率	$IR = P_1/P_0 - I_1/I_0$。其中：IR = 上市首日收益（发行抑价率）；P_1 = 上市首日收盘价；P_0 = 发行价；I_1 = 上海/深圳证券交易所在该股票上市首日的市场收盘指数；I_0 = 该股票上市前一日的市场收盘指数
LnK	发行规模	发行公司筹资额的自然对数
Turn0	首日交易换手率	成交量/发行总股数

7.4　检验结果与分析

7.4.1　样本选择与数据描述

本书选择 2006—2011 年的上海证券交易所和深圳证券交易所符合配股和增发要求的 A 股公司作为研究样本。样本区间选择主要基于以下考虑：盈余持续性指标需要使用再融资前 16 个季度的盈余数据。此外，在各样本期间公告一次配股的公司计入配股样本，公告一次增发的公司计入增发样本，在各样本期间多次公告配股或者增发的公司，采用最近的一次。财务数据来源于 CSMAR 数据库。

样本的筛选遵循以下原则：（1）剔除研究期间内，相关变量数据缺失的观测；（2）采用 winsorization 的方法对异常值进行处理，对所有小于 1% 分位数（大于 99% 分位数）的变量，令其值分别等于1%分位数（99%分位数）。

在数据选择上，为使描述统计结果更贴切、更接近实际，首先对样本连续变量进行简单的描述性分析，然后采用 winsorization 的方法对异常值进行处理，对所有小于1%分位数（大于99%分位数）的变量，令其值分别等于1%分位数（99%分位数），目的在于排除奇异值对总体数据的影响，得到描述统计见表7-2。表7-2反映了总体样本的变量特征。2006年至2011年间所选样本分析师预测误差约为0.856，说明预测精度不高，最高达到7.423，而最低为0.006，分析师对样本企业的预测精度存在一定差异，标准差为1.497。同样，所选样本企业的平均盈余持续性为34.361，最高为55.077，最低只有20.667，企业间的盈余持续性差异较大，标准差达到6.551。此外，不同公司间的发行抑价率相差也较大，上市公司平均发行抑价率为0.502，而最高值达到4.660，最低值为-0.426，标准差达到0.792。所选样本企业的平均规模为9.883，最高为12.026，最低只有9.004，标准差达到0.554。公司的可预测性、成长性、规模、发行规模和换手率等方面都存在比较大的差异。

表7-2　　描述性统计

	N	极小值	极大值	均值		标准差
	统计量	统计量	统计量	统计量	标准误	统计量
Precision	450	0.006	7.423	0.856	0.071	1.497
PER	450	20.667	55.077	34.361	0.309	6.551
PC	450	-0.228	1.476	0.127	0.012	0.259
EM	450	0.000	1.000	0.069	0.011	0.242
Growth	450	-0.639	6.718	0.454	0.065	1.371
Size	450	9.004	12.026	9.883	0.026	0.554

续表

	N	极小值	极大值	均值		标准差
	统计量	统计量	统计量	统计量	标准误	统计量
IR	450	-0.426	4.660	0.502	0.037	0.792
Lnk	450	8.060	10.640	9.066	0.021	0.454
TurnO	450	0.001	0.272	0.045	0.002	0.044

本书分别采用 Pearson 相关性分析来检验所有变量之间的相关性关系。由表 7-3 可以看出，一方面，盈余持续性和分析师预测误差之间存在显著的负相关关系，也就是说，盈余持续性越好，分析师对所选样本公司的预测误差越小；另一方面，盈余持续性和发行抑价率之间存在显著的正相关关系，即高质量的盈余信息能够帮助外部投资者在一定程度缓解事前不确定性，减小信息不对称程度，从而降低 SEO 抑价。此外，分析师预测误差和发行抑价率之间存在显著的正相关关系，即分析师盈余预测精度的提高能够帮助外部投资者在一定程度缓解事前不确定性，减小信息不对称程度，从而降低 SEO 抑价。从各个变量之间的相关性检验结果来看，各个变量之间的相关系数绝对值都在 0.8 以下，有一大部分变量之间的相关系数在 0.1 以下，这就说明变量之间的相关性比较弱，各个变量之间不存在多重共线性问题，不会对多元回归的结果产生影响。

表 7-3　　相关系数表

	Precision	PER	PC	EM	Growth	Size
Precision	1	-0.069*	-0.308**	0.438**	-0.044*	-0.067*
		0.045	0.000	0.000	0.035	0.015
PER		1	-0.066	0.076	-0.097*	0.084
			0.163	0.108	0.040	0.074

续表

	Precision	PER	PC	EM	Growth	Size
PC			1	0.313**	-0.110*	-0.058
				0.000	0.019	0.219
EM				1	-0.097*	0.011
					0.040	0.810
Growth					1	0.010
						0.840
Size						1

注：** 表示在0.01水平（双侧）上显著相关；* 表示在0.05水平（双侧）上显著相关。

	IR	PER	Precision	Size	Lnk	TurnO
IR	1	0.029*	-0.037*	0.061*	0.014*	0.187**
		0.046	0.034	0.019	0.027	0.000
PER		1	-0.069*	0.084	0.122**	-0.07
			0.045	0.074	0.010	0.137
Precision			1	-0.067*	-0.039	0.045
				0.015	0.406	0.337
Size				1	0.788**	-0.157**
					0.000	0.001
Lnk					1	-0.092
						0.050
TurnO						1

注：** 表示在0.01水平（双侧）上显著相关；* 表示在0.05水平（双侧）上显著相关。

7.4.2 回归分析

对样本公司进行实证研究的具体数据结果如表 7－4。为了检验假设，本书对数据采用三阶段最小二乘法估计，回归结果如表 7－4。表 7－4 揭示了盈余持续性、分析师盈余预测误差和发行抑价率三者之间的关系。

表 7－4 的检验结果显示，在第一个方程中，分析师盈余预测误差作为被解释变量，盈余持续性作为解释变量的时候，盈余持续性的系数为负，即盈余持续性越高样本公司的分析师盈余预测误差越小，通过了显著性检验，拟合度也比较高。因此，假设 7.1 得到了实证结果的检验，即在研究期间，盈余持续性影响样本公司的分析师盈余预测误差，质量好的盈余信息可以帮助分析师更准确地预测上市公司的未来盈余。

控制变量的检验结果表明，上市公司盈余可预测性对分析师预测误差有缓解作用，公司盈余的可预测性越高，其分析师预测误差越小。另外，盈余管理动机也通过了显著性检验，说明存在盈余管理动机的公司分析师预测误差更大。此外，样本公司的成长性和分析师预测误差呈现负相关关系，说明成长性越好的公司分析师预测误差越小。公司规模与分析师预测误差呈现负相关关系，说明规模大的公司，分析师预测误差较小。

在第二个方程中，发行抑价率作为被解释变量，盈余持续性和分析师预测误差作为解释变量的时候，盈余持续性的系数为正，即高质量的盈余信息能够帮助外部投资者在一定程度缓解事前不确定性，减小信息不对称程度，从而降低 SEO 抑价，通过了显著性检验，分析师盈余预测误差的系数为负，即准确的分析师盈余预测能够帮助外部投资者在一定程度缓解事前不确定性，减小信息不对称程度，从而降低 SEO 抑价，拟合度也比较高。

因此，假设 7.2 和假设 7.3 得到了实证结果的检验，即在研究期间，盈余持续性与分析师预测误差影响样本公司的股权再融资发行抑价率，质量好的盈余信息可以降低 SEO 抑价，而精确的分析师盈余预测将降低 SEO 抑价。

控制变量的检验结果表明，上市公司规模对发行抑价率有缓解作用，公司的规模越大，其抵抗公司所面临的各种风险的能力越强，股东所承受的投资风险也越小，因此，公司的发行抑价率也将越低。另外，发行规模也通过了显著性检验，说明发行规模越大可以降低 SEO 抑价。此外，首日换手率与发行抑价率正相关，股票的流动性越好可以降低 SEO 抑价。回归结果表明，在控制了企业规模、筹资额、首日换手率和年份等因素后，符合增发和配股条件的企业中，盈余持续性好的企业表现出更高的 SEO 抑价。

表 7-4　回归分析

	Coef.	P > | z |		Coef.	P > | z |
IR			Precision		
PER	0.0035	0.034	IR	-0.1397	0.032
Precision	-0.0930	0.027	PER	-0.0192	0.049
Size	0.1483	0.017	PC	-1.0708	0.000***
Lnk	0.1276	0.036	EM	2.4157	0.000***
Turno	3.3683	0.000***	Growth	-0.0028	0.035
_cons	0.6421	0.408	Size	-0.1327	0.026
			_cons	2.480149	0.049

Equation	Obs	"R-sq"	chi2	P
IR	450	0.2230	121.56	0.0006***
Precision	450	0.2588	137.01	0.0000***

注：***，**，* 分别表示显著性水平为 1%，5%，10%。

7.4.3 稳健性检验

我们通过替换变量的衡量指标进行稳定性检验。为了验证上述分析结果的可靠性，本书执行了以下稳健性检验：第一，发行抑价率 IR2 首日初始收益率 =（上市首日收盘价 - 发行价格）/发行价格；第二，发行抑价率 IR3，$AR_i = \ln(P_{i,1}/P_{i,0}) - \ln(MI_{i,1}/MI_{i,0})$ 为经市场调整后的对数收益率，$P_{i,0}$ 和 $P_{i,1}$ 分别是企业 i 的发行价和上市日首日收盘价，$MI_{i,0}$ 和 $MI_{i,1}$ 分别是企业 i 在发行日和上市首日的相应市场的收盘市场指数（沪市用上证股指数，深证用深圳成分股指数）。得到回归结果如表 7-5 所示。表 7-5 回归结果显示，在第一个方程中，分析师预测误差作为因变量，盈余持续性与分析师预测误差负相关。在第二个方程中，发行抑价率作为因变量，盈余持续性与发行抑价率正相关，分析师预测误差与发行抑价率负相关。上述稳健性检验结果与前文的研究结论并没有实质性差异，表明本节的主要实证结论是稳健的。

表 7-5　　稳健性检验

	Coef.	P > |z|		Coef.	P > |z|
IR2			Precision		
PER	0.0014**	0.027	IR2	-0.2007**	0.036
Precision	-0.0977**	0.013	PER	-0.0191**	0.050
Size	0.2157***	0.009	PC	-1.0726***	0.000
Lnk	0.2036**	0.019	EM	2.4385***	0.000
TurnO	3.2051***	0.002	Growth	-0.0026**	0.046
_cons	0.7231	0.434	Size	-0.1242**	0.031
			_cons	2.3519*	0.075

续表

Equation	Obs	"R - sq"	chi2	P
IR2	450	0. 2040	115. 77	0. 0005
Precision	450	0. 2160	134. 96	0. 0000

注：*** , ** , * 分别表示显著性水平为 1% ，5% ，10% 。

	Coef.	P > | z |		Coef.	P > | z |
IR3			Precision		
PER	0. 0019 **	0. 012	IR3	- 0. 2381 **	0. 035
Precision	- 0. 0451 ***	0. 008	PER	- 0. 0192 **	0. 049
Size	0. 1027 ***	0. 006	PC	- 1. 0619 ***	0. 000
Lnk	0. 0549 **	0. 041	EM	2. 4166 ***	0. 000
TurnO	1. 8281 ***	0. 000	Growth	- 0. 0089 **	0. 050
_cons	0. 7393 *	0. 063	Size	- 0. 1263 **	0. 032
			_cons	2. 407992 *	0. 086

Equation	Obs	"R - sq"	chi2	P
IR3	450	0. 2302	126. 59	0. 0001
Precision	450	0. 2378	137. 24	0. 0000

注：*** , ** , * 分别表示显著性水平为 1% ，5% ，10% 。

第8章 结论与展望

本章是本书的结论部分，在本章中首先对本书的研究结论进行归纳总结；接着依据研究结论给出了提高盈余质量进而提升资源配置效率的启示与政策建议；最后，指出本书研究的不足和局限，为未来的研究指明方向。

8.1 研究结论与启示

本书研究了盈余持续性、使用者感知与资本配置效率之间的相关关系。并以2006—2011年上市A股为样本，对会计信息质量与资本配置效率之间的关系进行实证。我们重点从公司投资效率、融资效率和定价效率三个方面对资源配置效率进行了界定和衡量。由于信息使用者的范围较为宽泛，我们主要从管理者、债权人、监管者、投资者四个主体进行研究，其中管理者感知使用管理层盈余预测误差度量；债权人感知使用债务违约预测风险度量；监管者感知使用股权再融资审批度量；投资者感知使用分析师盈余预测误差度量。

从实证结果看盈余持续性、使用者感知与资本配置效率之间的关系。结果表明，公司盈余质量的提高有利于资源的优化配置。公司盈余质量的提高能够降低公司中存在的非效率投资问题，同时也能够降低公司的筹资成本，从而达到优化资源配置效率的目的。公司盈余质量和投资效率之间存在显著的正相关关系，即随着公司盈余质量的提高，公司的投资将变得越来越有效。在我国证券市场不太完善和成熟的阶段，政府部门对证券市场实施的再融资监管措施起到了优化资源配置的作用，将有限的资金向最能充分利用资金的上市公司倾斜。再配股门槛对投资者利益的保护在一定程度上能够发挥作用。二级市场在对发行公司定价时考虑了其盈余持续性，投资者能够在一定程度上识别发行公司的盈余持续性，在平均意义上给予盈余持续性较差的公司一个折价，从而表现出更低的 SEO 抑价。

信息质量相关理论的研究是金融经济学研究的重点领域，而股票市场最核心的功能是资本配置功能。信息质量对股票市场资本配置效率的影响如何，目前尚不存在系统性的理论和实证结论。但这方面的研究是非常重要的，探讨信息质量对股票市场资本配置效率的作用可以给股票市场资本配置效率低下的国家提供解决资本配置效率问题的方案和对策措施。中国股票市场作为新兴市场，市场不成熟，体系和制度都不完善，因此，本书的研究结论对如何完善中国股票市场、提高股票市场的资本配置效率、扭转目前股票市场对经济发展促进作用不明显的现状，具有一定的理论和实际意义。

8.2 政策性建议

公司盈余质量对利益相关各方都具有十分重要的意义，探究影响公司盈余质量的因素以及提高盈余质量后的经济后果，一方面能够使我们从根源上找出提高公司盈余质量的要素，进而对这些因素进行不断的改进和优化，从而达到提高公司盈余质量的目的。另一方面，公司盈余质量的提高能够起到提高公司投资效率，降低公司融资成本的作用，这就使得我们有动力去改善公司的盈余质量，从而优化社会资源的配置。

第一，完善会计信息质量的评价体系，充分发挥信息中介的作用财务分析师等信息中介通过信息搜集，评估企业的业绩并预测其未来。西方资本市场的证据表明，财务分析师向市场增加了价值，其盈利预测比时间序列模型更准确。信息中介可以充当信息披露评级的重任，通过建立科学合理的评级标准并辅以一定实地调查，对上市公司的信息披露进行定期评级及公告，有利于促进上市公司改进信息披露，也有助于增强投资者对会计信息质量的鉴别能力。

第二，通过制度建设进一步加强上市公司的会计信息的披露，全面提升会计信息及会计信息披露的质量，提高上市公司的会计信息透明度：如会计准则制定机构仍应大量研制适合中国国情的高质量的会计准则；除此之外，证券监管机构应该继续通过制度建设进一步加强上市公司的信息披露，全面提升会计信息及信息披露的质量，从整体上提高我国上市公司的会计信息质量，进而促进整个资本市场的有效性。

第三，积极利用市场导向，提高监管水平和效率。股票市场的有效性与会计信息质量的相关性相辅相成，市场监管机构应尽量减轻监管政策对公司盈余操纵的诱发程度，减少因监管政策而强加给公司的政治成本，为更加充分地发挥会计信息本身的导向作用创造一个宽松的市场环境。诱发我国上市公司盈余管理的重要因素之一是证券监管机构的监管政策，为了从根本上消除诱发上市公司盈余管理的政策因素，切实提高上市公司的会计信息质量，就必须深化监管政策的市场化改革。

8.3　研究局限与展望

第一，本书主要研究了会计信息质量对资本配置效率的影响，未对会计信息质量理论进行全方位的探讨。会计信息质量应该是一个全面的多维度体系，但本书在进行微观实证过程中，仅仅从盈余持续性的角度验证了与资本配置效率之间的关系。同时也未能对资本配置效率进行全方位的探讨。如果能够建立一个比较完善的会计质量指标评价体系，设计出衡量会计信息全面质量的指标，并以此对会计信息质量与资本配置效率之间的关系进行更深入的探讨，将有可能获得更多的理论成果。

第二，本书采用三阶段最小二乘法。在使用单一方程估计法时，由于忽略了各方程之间的联系（包括各方程扰动项之间的联系），不如将所有方程作为一个整体进行估计（即系统估计法）更有效率。然而系统估计法的缺点是，如果其中的某个方程估计得不准确，则可能影响系统中其他方程的估计。

参考文献

[1] 陈珊．直接融资与间接融资的效率分析 [J]．山东金融，1999，(12)：15 -21.

[2] 陈运森，朱松．政治关系、制度环境与上市公司资本投资 [J]．财经研究，2009，35 (12)：27 -39.

[3] 方军雄．市场化进程与资本配置效率的改善 [J]．经济研究，2006，(5)：50 -61.

[4] 高西有．中国金融体制的效率评价与改革 [J]．经济与管理研究，2006，(6)：34 -36.

[5] 高有才．企业融资效率研究 [D]．武汉大学商学院博士论文，2003.

[6] 胡奕明．证券分析师的信息来源、关注域与分析工具 [J]．金融研究，2003，(12)：52 -62.

[7] 胡奕明，林文雄，王玮璐．证券分析师的信息解读能力调查 [J]．会计研究，2003，(11)：14 -20.

[8] 姜国华．关于证券分析师对中国上市公司会计收益预测的实证研究 [J]．经济科学，2004，(6)：72 -79.

[9] 李刚，夏冬林．盈余持续性、盈余信息含量和投资组合回报 [J]．中国会计评论，2007，2：207 -218.

[10] 李悦，熊德华，张峥．中国上市公司如何选择融资渠道——基于问卷调查的研究 [J]．金融研究，2008，(8)：86 -104.

[11] 廖秀梅．会计信息的信贷决策有用性：基于所有权制

度制约的研究［J］. 会计研究, 2007, (5): 31 – 38.

［12］刘宇. 资本市场上市公司股权再融资效率内涵及分析体系［J］. 管理科学, 2007, (10): 14 – 22.

［13］林翔, 陈汉文. 增长、盈余管理和应计持续性［J］. 中国会计评论, 2005, 1: 117 – 142.

［14］陆正飞, 祝继高, 孙便霞. 盈余管理、会计信息与银行债务契约［J］. 管理世界, 2008, (3): 52 – 58.

［15］彭韶兵, 黄益建, 赵根. 信息可靠性、企业成长性与会计盈余持续性［J］. 会计研究, 2008, 3: 43 – 50.

［16］饶艳超, 胡奕明. 银行信贷中会计信息的使用情况调查与分析［J］. 会计研究, 2005, (4): 36 – 41.

［17］饶育蕾, 汪玉英. 中国上市公司大股东对投资影响的实证研究［J］. 南开管理评论, 2006, 9 (5): 67 – 73.

［18］佘运久. 资本市场的协调发展［M］. 中国发展出版社, 2001 年第 1 版.

［19］孙覃. 从我国投资效率低下分析储蓄转化为投资的障碍［J］. 科技情报开发与经济, 2004, (10): 110 – 111.

［20］孙铮, 李增泉, 王景斌. 所有权性质、会计信息与债务契约［J］. 管理世界, 2006, (10): 100 – 107.

［21］王志台. 上海股市盈余持续性的实证研究［J］. 财经研究, 2000, 5: 43 – 48.

［22］魏明海, 柳建华. 国企分红、治理因素与过度投资［J］. 管理世界, 2007 (4): 88 – 90.

［23］吴东辉, 薛祖云. 对中国 A 股市场上财务分析师盈余预测的实证分析［J］. 中国会计与财务研究, 2005, (1): 1 – 27.

［24］辛清泉, 林斌, 王彦超. 政府控制、经理薪酬与资本投资［J］. 经济研究, 2007, (8): 110 – 122.

[25] 徐玉德，周玮. 不同资本结构与所有权安排下的投资效率测度——来自我国 A 股市场的经验证据 [J]. 中国工业经济，2009，(11)：131 - 140.

[26] 杨兴权. 上市公司融资效率问题研究 [D]. 中南财经政法大学博士论文，2004.

[27] 姚明安，孔莹. 投资者能识别稳健性会计吗？——来自中国上市公司的证据 [J]. 中南财经正法大学学报，2008，143 (6)：80 - 86.

[28] 叶蓓. 管理者过度自信、投资——现金流敏感性与投资效率 [D]. 华中科技大学博士论文，2008.

[29] 叶志锋，胡玉明. 盈余管理、债权保护与债务违约率——来自中国证券市场的证据 [J]. 山西财经大学学报，2009，(11)：67 - 73.

[30] 于富生，张敏. 信息披露质量与债务成本——来自中国证券市场的经验证据 [J]. 审计与经济研究，2007，(5)：93 - 96.

[31] 袁春生，杨淑娥. 经理管理防御与企业非效率投资 [J]. 经济问题，2006，(6)：40 - 42.

[32] 张国清，赵景文. 资产负债项目可靠性、盈余持续性及其市场反应 [J]. 会计研究，2008，3：51 - 57.

[33] 张冀，李辰. 股权结构、现金流与资本投资 [J]. 经济学（季刊)，2005，5 (1)：229 - 246.

[34] 赵宇龙，王志台. 我国证券市场“功能锁定”现象的实证研究 [J]. 经济研究，1999，9：56 - 63.

[35] 朱红军，何贤杰，陈信元. 金融发展、预算软约束与企业投资 [J]. 会计研究. 2006. 10：67 - 71.

[36] 周红霞，欧阳凌. 企业非效率投资行为研究综述——基于股东与经理利益冲突的视角 [J]. 管理科学，2004 (6)：

23 - 29.

[37] Abarbanell, J., and Bushee, B.. Fundamental Analysis, Future Earnings, and Stock Prices [J]. Journal of Accounting Research, 1997, 35: 1 - 24.

[38] Abarbanell, J. and Lehavy, R. Can Stock Recommendations Predict Earnings Management and Analyssts'Earnings Forecast Errors? [J]. Journal of Accounting Research, 2003, 41: 1 - 31.

[39] Agca and Mozumdar. The Impact of Capital Market Imperfections on Investment - cash Flow Sensitivity [J]. Journal of Banking and Finance, 2008, (32): 207 - 216.

[40] Alti, A. How Sensitive is Investment Expenditure to Cash Flow When Financing is Frictionless? [J]. Journal of Finance, 2003, 53: 707 - 722.

[41] Amihud, Y. and Mendelson, H. Asset Pricing and the Bid - Ask Spread [J]. Journal of Financial Economics, 1986, 17 (2): 223 - 249.

[42] Baber, W., Kang, S., and Kumar, K. Accounting Earnings and Executive Compensation: The Role of Earnings Persistence. Journal of Accounting and Economics, 1998, 25: 169 - 193.

[43] Baginski, S., Branson, B., Lorek, K., and Willinger, G. The Relationship between Economic Characteristics and Alternative Annual Earnings Persistence Measures [J]. The Accounting Review, 1999, 74: 105 - 120.

[44] Baker M., Stein J., and Wurgler J., 2003, When Does the Market Matter? Stock Prices and the Investment of Iquity - dependent Firms [J]. Quarterly Journal of Economics, 118: 969 1005.

[45] Bartov, E., Lindahl, F., and Ricks, W. Stock Price

Behavior around Announcements of Write - offs [J]. Review of Accounting Studies, 1998, 3: 327 -346.

[46] Barro, R. 1990, Government Spending in a Simple Model of Endogenous Growth [J]. Journal of Political Economy. 1998 (1): 103 -117.

[47] Barron, O., Kim., Lim S. and Stevens, D. Using Analysts' Forecasts to Measure Properties of Analysts'Information Environment [J]. The Accounting Review, 1998, 73 (4): 421 -433.

[48] Barry, B. and Brown, J. Differential Information and the Small Firm Effect [J]. Journal of Financial Economics, 1984, 13 (2): 283 -295.

[49] Beaver, W., and Engel, E. Discretionary Behavior with Respect to Allowances for Loan Losses and the Behavior of Security Prices [J]. Journal of Accounting and Economics, 1996, 22: 177 -206.

[50] Beaver, W. Lambert, R. and Morse, D. The Information Content of Security Prices [J]. Journal of Accounting and Economics, 1980, 2 (1): 3 -28.

[51] Beaver, W., and McNichols, M. Do Stock Prices of Property Casualty Insurers Fully Reflect Information about Earnings, Accruals, Cash flows, and Development? [J]. Review of Accounting Studies, 2001, 6: 197 -220.

[52] Bergstresser, Daniel B. Discussion of Overinvestment of Free cash flow [J]. Review of Accounting Studies, 2006, 11: 191 -202.

[53] Bharath, J. Sunder and S. V. Sunder. Accounting Quality and Debt Contracting [J]. The Accounting Review, 2008, 83 (1): 1 -28.

[54] Bhattacharya, U., Daouk, H. and Welker, M. The

World Price of Earnings Opacity [J]. The Accounting Review, 2003, 78: 641 -678.

[55] Bhojraj, S. , and Swaminathan, B. How does the Corporate Bond Market Value Capital Investments and Accruals? [J]. Review of Accounting Studies, 2007, 14: 31 -62.

[56] Bhushan, R. Firm Characteristics and Analyst Following [J]. Journal of Accounting and Economics, 1989, 11 (2 - 3) : 255 -275.

[57] Biddle and Hilary. Accounting Quality and Firm - level Capital Investment [J]. Accounting Review, 2006, 81 (5): 963 -982.

[58] Bloomfield, R. and Wilks, T. Disclosure Effects in the Laboratory: Liquidity, Depth, and the Cost of Capital [J]. The Accounting Review, 2000, 75 (1) : 13 -41.

[59] Botosan, C. A. Disclosure Level and the Cost of Equity Capital [J]. The Accounting Review, 1997, 72 (3) : 323 -350.

[60] Botosan, C. A. and Plumlee, M. A Re - Examination of Disclosure Level and the Expected Cost of Equity Capital [J]. Journal of Accounting Research, 2002, 40: 21 -40.

[61] Bradshaw, M. , Richardson, S. , and Sloan, R. Do Analysts and Auditors Use Information in Accruals? [J]. Journal of Accounting Research, 2001, 39: 45 -74.

[62] Brown L. D. , R. L. Hagerman, P. A. Griffin, and M. E. Zmijewski. Security Analyst Superiority Relative to Univariate Time - Series Models in Forecasting Quarterly Earnings [J]. Journal of Accounting and Economics, 1987 (9): 61 - 87.

[63] Brown, L. , and Rozeff, M. The Superiority of Analyst Forecasts as Measures of Expectations: Evidence from Earnings [J].

Journal of Finance, 1978, 33, 1 -16.

[64] Bushman, R., and Smith, A. Financial Accounting Information and Corporate Governance [J]. Journal of Accounting and Economics, 2001, 32: 237 -333.

[65] Butler, Kirt C., Lang, Larry H. P. The Forecast Accuracy of Individual Analysts: Evidence of Systematic Optimism and Pessimism [J]. Journal of Accounting Research, 1991, (29).

[66] Byard, D. and Shaw, K. Corporate Disclosure Quality and Properties of Analysts' Information Environment [J]. Journal of Accounting, Auditing and Finance, 2003: 355 -378.

[67] Chambers, A. E., and S. H. Penman, Timeliness of Reporting and the Stock Price Reaction to Earnings Announcements [J]. Journal of Accounting Research, 1984, 22: 21 -47.

[68] Chen, K. C. W. and Wang, I. Accounting - based Regulation in Emerging Markets; The Case of China's Seasoned - equity Offerings [J]. The International Journal of Accounting, 2007, 42: 221 -236.

[69] Chen, K. C. W. and Yuan, H. Earnings Management and Capital Resource Allocation: Evidence from China's Accounting Based Regulation of Rights Issues [J]. The Accounting Review, 2004, 79 (3): 645 -665.

[70] Claessens, S., Feijen, E., and Laeven, L. Political Connections and Preferential Access to Finance: the Role of Champaign Contributions [J]. Journal of Financial Economics, 2008, 88: 554 -580.

[71] Clement M. B. Analyst Forecast Accuracy: Do Ability, Resources, and Portfolio Complexity Matter? [J]. Journal of Ac-

counting and Economics, 1999 (27): 285 -303.

[72] Cheng, C. S. , C. Liu, T. Schaefer, Earnings Permanence and the Incremental Information Content of Cash Flows from Operations [J]. Journal of Accounting Research, 1996, 34 (1): 173 -181.

[73] Collins, D. , Gong, G. , and Hribar, P. Investor Sophistication and the Mispricing of Accruals [J]. Review of Accounting Studies, 2003, 8: 251 -276.

[74] Collins, D. and S. P. Kothari, An Analysis of Intertemporal and Cross - sectional Determinants of Earnings Response Coefficients [J]. Journal of Accounting and Economics, 1989, 7: 143 -181.

[75] Dechow, P. , Dichev, I. , The Quality of Accruals and Earnings: The Role of Accrual Estimation Errors [J]. The Accounting Review, 2002, 77: 35 -59.

[76] Dechow, P. , Ge, W. , The Persistence of Earnings and Cash Flows and the Role of Special Items: Implications for the Accrual Anomaly [J]. Review of Accounting Studies, 2006, 11: 253 -296.

[77] Dechow, P. , Richardson, S. , Sloan, R. The Persistence and Pricing of the Cash Component of Earnings [J]. Journal of Accounting Research, 2008, 46: 537 -566.

[78] Desai, H. , Rajgopal, S. , Venkatachalam, M. Value - glamour and Accrual Mispricing: One Anomaly or Two? [J]. The Accounting Review, 2004, 79: 355 -385.

[79] Doyle, J. , Ge, W. , McVay, S. Accruals Quality and Internal Control over Financial Reporting [J]. The Accounting Rcview, 2007, 82: 1141 -1170.

[80] Diamond, D. Debt Maturity and Liquidity Risk [J]. Quarterly Journal of Economics, 1991, 106: 709 - 737.

[81] Dow J., Gorton G., Stock Market Efficiency and Economic Efficiency: Is There a Connection? [J]. The Journal of Finance, 1997, 3: 1087 - 1129.

[82] Dechow P. M. Sloan R. G. and Sweeney A. P. Causes and Consequences of Earnings Manipulation: An Analysis of Firms Subject to Enforcement Actions by the SEC [J]. Contemporary Accounting Research, 1996, 13: 1 - 36.

[83] Durnev, A., R. Morck; B. Yeung. Value - enhancing Capital Budgeting and Firm Specific Stock Return Variation [J]. Journal of Finance, 2004, 59: 65 - 105.

[84] Easton, P., Zmijewski, M. Cross - sectional Variation in the Stock Market Response to the Announcement of Accounting Earnings [J]. Journal of Accounting and Economics, 1989, 9: 117 - 141.

[85] Eames M., and Glover S. Earnings Predictability and the Direction of Analysts' Earnings Forecast Errors [J]. The Accounting Review, 2003, 78 (3): 707 - 724.

[86] Fama E. Agency Problems and the Theory of the Firm [J]. Journal of Political Economy, 1980, 88 (2): 288 - 307.

[87] Fama, E. And French, K. Common Risk Factors on the Returns of Stocks and Bonds [J]. Journal of Financial Economics, 1993, 33: 3 - 57.

[88] Fairfield, P., Sweeney, R., & Yohn, T. Accounting Classification and the Predictive Content of Earnings [J]. The Accounting Review, 1996, 71 (3): 337 - 731.

[89] Fairfield, P., Whisenant, S., Yohn, T., Accrued Earn-

ings and Growth: Implications for Future Profitability and Market Mispricing [J]. The Accounting Review, 2003, 78: 353 –371.

[90] Fairfield, P., Sweeney, R. and T. Yohn, Using Asset Turnover and Profit Margin to Forecast Changes in Profitability [J]. Review of Accounting Studies, 2001, 12: 371 –385.

[91] Fazzari, S., R. G. Hubbard, B. C. Petersen. Finance Constraints and Corporate Investment. Brookings Papers on Economic Activity, 1988, (1): 141 –195.

[92] Finger C. A. The Ability of Earnings to Predict Future Earnings and Cash Flow [J]. Journal of Accounting Researeh, 1994, 32: 210 –223.

[93] Firth, M., Lin, C., Liu, P. and Wong, S. M. L. Inside the Black Box: Bank Credit Allocation in China's Private Sector [J]. Journal of Banking and Finance, 2009, 33 (06): 1144 –1155.

[94] Francis, J., R. LaFond, P. M. Olsson., and K. Schipper, Cost of Equity and Earnings Attributes [J]. The Accounting Review, 2004, 79 (4): 967 –1010.

[95] Francis, J., LaFond, R., Olsson, P., Schipper, K. The Market Pricing of Accruals Quality [J]. Journal of Accounting and Economics, 2005, 39: 295 –327.

[96] Goncharov, I., and J. Zinnnerman. The Supply of and Demand for Accounting Information [J]. Economies of Transition, 2007, 15 (2): 257 –283.

[97] Ge, W., Off – balance – sheet Activities, Earnings Persistence and Stock Prices: Evidence from Operating Leases [M]. Working paper, University of Washington, 2007.

[98] Gu Z. and Zhao, 2006, Information Precision and the

Cost of Debt, Carnegie Mellon University working paper.

[99] Gugler, Klaus, Dennis C. , Mueller, and B. Burcin Yurtoglu. The Impact of Corporate Governance on Investment Returns in Developed and Developing Countries [J]. The Economic Journal, 2003, 113: 511 -539.

[100] Graham, J. R. Li, S. Qiu, J. Corporate Misreporting and Bank Loan Contracting [J]. Journal of Financial Economics, 2008, 89: 4 -61.

[101] Gebhardt, W. C. Lee, and B. Swaminathan, Toward an Implied Cost of Capital [J]. Journal of Accounting Research, 2003, 39 (1): 135 -176.

[102] Gu, Z. and Wu, J. Earnings Skewness and Analyst Forecast Bias [J]. Journal of Accounting and Economic, 2003, 35: 5 -29.

[103] Haw, I. D. Qi, D. Wu, and W. Wu. Market Consequences of Earnings Management in Response to Security Regulations in China [J]. Contemporary Accounting Research, 2005, 22: 95 -140.

[104] Hart, Oliver. 1995. Firms, Contracts and Financial Structure. Oxford University Press.

[105] Handa, P. and Linn, S. Arbitrage Pricing with Estimation Risk [J]. Journal of Financial and Quantitative Analysis , 1993, 28 (1): 81 -100.

[106] Hubbard R. G. Capital Market Imperfections and Investment [J]. Journal of Economic Literature, 1998, 36: 193 -225.

[107] Holthausen, R. W. , and R. L. Watts. The Relevance of Value - relevance Literature for Financial Accounting Standard Setting [J]. Journal of Accounting and Economics, 2001, 31: 3 -75.

[108] Healy, P. Palepu, K. Information Asymmetry, Corporate Disclosure and the Capital Markets: A Review of the Empirical Disclosure Literature [J]. Journal of Accounting and Economics, 2001, 31, 405 -440.

[109] Hayek, F. A. 1941, The Pure Theory of Capital, University of Chicago Press.

[110] Hirshleifer, D. Teoh, S. Limited Attention, Information Disclosure, and Financial Reporting [J]. Journal of Accounting and Economics, 2003, 36: 337 -386.

[111] Jensen M. Agency Costs of Free Cash Flow, Corporate Finance, and Takeovers [J]. American Economic Review, 1986, 76 (2): 323 -329.

[112] Jensen M. and W. Meckling. Theory of the Firm: Managerial Behavior, Agency Costs and Ownership Structure [J]. Journal of Financial Economics, 1976, 3 (4): 305 -360.

[113] Kanodia, C. and Lee, D., Investment and Disclosure: the Disciplinary Role of Periodic Performance Reports [J]. Journal of Accounting Research, 1998, 36: 33 -55.

[114] Khan, M., Are Accruals Mispriced? Evidence from Tests of an Intertemporal Capital Asset Pricing Model [J]. Journal of Accounting and Economics, 2008, 45: 55 -77.

[115] Kim, O. and Verrecchia, R. Market Liquidity and Volume around Earnings Announcements [J]. Journal of Accounting and Economics, 1994, 17: 41 -68.

[116] Kormendi, R. Lipe, R. Earnings Innovations, Earnings Persistence, and Stock Returns [J]. Journal of Business, 1987, 60: 323 -345.

[117] Kraft, A. Leone, A. Wasley, C. An Analysis of the Theories and Explanations Offered for the Mispricing of Accruals and Accrual Components [J]. Journal of Accounting Research, 2006, 44: 297 – 339.

[118] Lev, B. Some Economic Determinants of Time – series Properties of Earnings [J]. Journal of Accounting and Economics, 1983, 5: 31 – 48.

[119] Lev, B. Sougiannis, T. The Capitalization, Amortization, and Value – relevance of R&D [J]. Journal of Accounting and Economics, 1996, 21: 107 – 138.

[120] Lev B. Thiagarajan, S. Fundamental Information Analysis [J]. Journal of Accounting Research, 1993, 31: 190 – 215.

[121] Levi, S. Voluntary Disclosure of Accruals in Earnings Press Releases and the Pricing of Accruals [J]. Review of Accounting Studies, 2008, 13: 1 – 21.

[122] Li, F. Annual Report Readability, Current Earnings, and Earnings Persistence [J]. Journal of Accounting and Economics, 2008, 45: 221 – 247.

[123] Lin, Y. S. Hu, and M. Chen. Managerial Optimism and Corporate Investment: Some Empirical Evidence from Taiwan [J]. Pacifc – Basin Finance Journal, 2005, 13 (5): 523 – 546.

[124] Loughran and Ritter. The New Issues Puzzle [J]. Journal of Finance, 1995, 50: 23 – 51.

[125] Lang, M. and Lundholm, R. Cross Sectional Determinants of Analysts [J]. Ratings of Corporate Disclosures, Journal of Accounting Research, 1993, 31: 246 – 271.

[126] Lang, M. and Lundholm, R. Corporate Disclosure Poli-

cy and Analyst Behavior [J]. The Accounting Review, 1996, 71: 467 -493.

[127] La porta, R. Lopez - de - Silance, F. Shleifer, A. and Vishny, R. W. Legal Determinants of External Finance [J]. Journal of Finance, 1997, 52: 1131 -1150.

[128] Lipe, R. and R. Kormendi, Mean Reversion in Annual Earnings and Its Implications for Security Valuation [J]. Review of Quantitative Finance and Accounting, 1994, 4: 27 -46.

[129] Lorek, K. S. , Willinger, G. L. A Multivariate Time - series Prediction Model for Cash Flow Data [J]. Accounting Review, 1996, 71: 8 -101.

[130] Louis, H. Robinson, D. Do Managers Credibly Use Accruals to Signal Private Information? Evidence from the Pricing of Discretionary Accruals around Stock Splits [J]. Journal of Accounting and Economics, 2005, 39: 361 -380.

[131] Malmendier, U. and G. Tate. CEO Overconfidence and Corporate Investment [J]. Journal of Finance, 2005, 60 (6) : 2661 -2700.

[132] Malmendier, U. and G. Tate. Who Makes Acquisitions? CEO Overconfidence and the Markets Reaction. 2005, NBER Working Paper.

[133] Malmendier, U. and G. Tate. Who Makes Acquisitions? CEO Overconfidence and the Market's Reaction? [J]. Journal of Financial Economics, 2008, 89 (1) : 20 -43.

[134] Miller, M, H. and K. Rock. Dividend Policy and Asymmetric Information [J]. Journal of Finance, 1985, 40: 1031 -1051.

[135] Myers, S. and Majluf, N. Corporate Financing and In-

vestment Decision When Firms Have Information that Investors do not Have [J]. Journal of Financial Economics, 1984, 23: 187 - 221.

[136] McNichols, M. And O'Brien, P. C. Self - selection and Analyst Coverage [J]. Journal of Accounting Research, 1997, 35: 167 - 199.

[137] Morck, R., Shleifer, A., Vishny, R. The Stock Market and Investment: Is the Market a Sideshow? [J]. Brookings Papers on Economic Activity, 1990, 2: 157 - 215.

[138] McNichols, M. F., and S. R. Stubben. Does Earnings Management Affect Firms'Investment Decisions? [J]. The Accounting Review, 2008, 83 (6): 1571 - 1603.

[139] Mueller, Dennis C., and Elizabeth Reardon. Rates of Return on Investment [J]. Southern Economic Journal, 1993, 60: 430 - 453.

[140] Nissim, D., Penman, S. Ratio Analysis and Equity Valuation: from Research to Practice [J]. Review of Accounting Studies, 2001, 6: 109 - 154.

[141] Nwaeze, E., Yang, S., Yin, J. Accounting Information and CEO Compensation: The Role of Cash Flow from Operations in the Presence of Earnings [J]. Contemporary Accounting Research, 2006, 23: 227 - 265.

[142] Nikolaev V., Lent L. V. 2005, The Endogeneity Bias in the Relation Between Cost - of - debt Capital and Corporate Disclosure Policy, Working Paper.

[143] Ohlson, J. Earnings, Book Value, and Dividends in Equity Valuation [J]. Contemporary Aeeounting Research, 1995, 11: 661 - 687.

[144] Penman, S. Return to Fundamentals [J]. Journal of Accounting, Auditing & Finance 1992, 7: 465 -483.

[145] Penman, S. Zhang, X. Accounting Conservatism, the Quality of Earnings, and Stock Returns [J] . The Accounting Review, 2002, 77: 237 -264.

[146] Rangan, S. Earnings Management and the Performance of Seasoned Equity Offerings [J]. Journal of Financial Economics, 1998, 50 (1): 101 -122.

[147] Richardson, S. Earnings Quality and Short Sellers [J]. Accounting Horizons, 2003, 17: 49 -61.

[148] Richardson, S. Sloan, R. Soliman, M., Tuna, I. Accrual Reliability, Earnings Persistence and Stock Prices [J]. Journal of Accounting and Economics, 2005, 39: 437 -485.

[149] Richardson, S. Sloan, R. Soliman, M. Tuna, I. The Implications of Accounting Distortlons and Growth for Accrual, and Profitability [J]. The Accounting Review, 2006, 3 (81): 713 -743.

[150] Richardson, S. Tuna, I., Wysocki, P. Accounting Anomalies, Fundamental Analysis, and Returns to Investment Strategies [J]. Survey paper, Journal of Accounting and Economics Conference, 2009.

[151] Roll, R. The Hubris Hypothesis of Corporate Takeovers [J]. Journal of Business. 1986, 59 (2) : 197 -216.

[152] Rees L. E. P. Swanson, M. B. Clement. The Influence of Experience, Resources, and Portfolio Complexity on Analyst Forecast in the UK, Gemany, Japan and Canada [Z]. Working Paper, 1999.

[153] Risberg, M. 2006, Does Earnings Quality Matter for the Investment Decision? University of Goteborg Working Paper.

[154] Stein, J. , 2003, Agency, Information and Corporate Investment, Handbook of The Economies of Finance. G. Constantinides, M. Harris and R. Stulz. Amsterdam, North Holland.

[155] Sun, K. , 2005, Financial Reporting Quality, Capital Allocation Efficiency, and Financing Structure: An International Study, Working Paper, University of Hawaii.

[156] Shleifer, A. and R. Vishny. Stock Market Driven Acquisitions [J]. Journal of Financial Economics, 2003, 70: 295 -311.

[157] Schipper, K. Analysts Forecasts [J]. Accounting Horizons, 1991, 4: 105 -121.

[158] Stiglitz, J. and Weiss, A. Credit Rationing in Markets with Imperfect Information [J], American Economic Review. 1981, 71 (3), 393 -410.

[159] Schipper, K. , Vincent, L. Earnings Quality [J]. Accounting Horizons, 2003, 17: 235 -250.

[160] Shivakumar, L. 2000. Do Firms Mislead Investors by Overstating Earnings before Seasoned Equity Offering? Working Paper.

[161] Sloan, R. Do Stock Prices Fully Reflect Information in Accruals and Cash Flows about Future Earnings? [J]. The Accounting Review, 1996, 71: 289 -315.

[162] Soliman, M. The Use of Dupont Analysis by Market Participants [J]. The Accounting Review, 2008, 83: 823 -853.

[163] Su, X. and Z. F. Yang. 2009. State Control, Financial Constraints and Firm Growth: Evidence from China. Working Paper, City University of Hong Kong.

[164] Tobin, J. On the Efficiency of the Financial System [J]. Lloyds Bank Review, 1982, 153: 1 -15.

[165] Teoh, S. H., Welch, I., Wong, T. J. Earnings Offerings Management and the Underperformance of Seasoned Equity [J]. Journal of Financial Economics, 1998, 50 (1): 63 -99.

[166] Tucker, J., Zarowin, P. Does Income Smoothing Improve Earnings Informativeness? [J]. The Accounting Review, 2006, 81: 251 -270.

[167] Verrecchia, R. Information Quality and Discretionary Disclosure [J]. Journal of Accounting and Economics, 1990, 12: 365 -380.

[168] Vogt, S. The Cash Flow/investment Relationship: Evidence from U. S. Manufacturing Firms [J]. Financial Management, 1994, 23 (2): 3 -20.

[169] Wang, X. 2003, Capital Allocation and Accounting Information Properties, Emory University Working Paper.

[170] Verdi, Rodrigo S. 2006, Financial Reporting Quality and Investment Efficiency, University of Pennsylvania Working Paper.

[171] Wang, D. Founding Family Ownership and Earnings Quality [J]. Journal of Accounting Research, 2006, 44: 619 -656.

[172] Waymire, G. Earnings Volatility and Voluntary Management Forecast Disclosure [J]. Journal of Accounting Research, 1985, 23 (1): 268 -295.

[173] Welker, M. Disclosure Policy, Information Asymmetry and Liquidity in Equity Markets [J]. Contemporary Accounting Research, 1995, 11: 801 -828.

[174] Wurgler, J., Financial Markets and the Allocation of Capital [J]. Journal of Financial Economics, 2000, 58: 187 -214.

[175] Xie, H. The Mispricing of Abnormal Accruals [J]. The

Accounting Review, 2001, 76: 357 - 373.

[176] Zhang, X. Accruals, Investment, and the Accrual Anomaly [J]. The Accounting Review, 2007, 82: 1333 - 1363.

[177] Zingales, L. Insider Ownership and the Decision to Go Public [J]. The Review of Economic Studies, 1995, 62: 425 - 448.

后　记

时光似乎真的很无情，转瞬之际，又一次踏上了离别的道路。而这一次不同的是，我将长别于校园生活。韶华易逝，岁月如梭。二十载寒窗苦读，今日终以一篇博士论文作为了结，抑或是喜，抑或是悲？漫漫读书生涯，有过辛酸，有过温暖，有过寂寞，有过欢乐，如今都化作我对往日的回忆。古道长亭，折柳以送。即将离开校园之际，心中虽有万份情感无以倾诉，仅以几番感激之言以寄离别之情。

攻读博士学位期间，由衷地感谢我的恩师刘斌教授四年来对我的谆谆教诲。四年前，承蒙恩师不弃，能够成为恩师门下弟子倍感荣幸。四年来，恩师的严格要求让我在平日的学习、生活中不断鞭策激励自己以求上进。在跟随恩师学习的过程中，刘老师严谨的治学态度、思考问题的视角以及对论文分析、评论的犀利眼光和独特见解，都值得我终生学习并铭记于心。博士论文的选题、撰写和修改完善过程中，无处不凝结了恩师的大量心血。明师之恩，无以为报，愿时刻谨记恩师的教导，不负所望。

特别感谢我在美国学习期间的导师 Woody Liao 教授。在美国博士生联合培养期间，您的言传身教使我在科研道路上打下了坚实的基础；您的悉心指导使我在论文研究过程中少走了许多弯路；您的殷勤栽培使我在今日毕业之际能有所收获。再次对 Woody Liao 教授的恩情表示深深地谢意！

也特别感谢经济与工商管理学院的诸位老师和美国会计学会的教授，在研讨会中与我们一起研读、探讨和梳理研究的问题。

共同分享学术研究的精神食粮让我顿然感受到枯燥乏味的论文研究工作此刻也别有一番风味。

古人三十而立，而我时至今日还依然在为自己的生计漂泊，更无言报答父母二十多年的养育之恩。每逢家人团聚之时，我总能感受到父母对我的无私关爱。他们别无所需，只愿我在他乡能够保重身体，而我却未能尽一份应尽孝心，实感惭愧。你们多年来对我的理解和支持都是我奋发搏进的动力，我也将永远铭记在心！

许多事情一路走过才发现，其中的悲欢离合都会随着时光的流逝而风干成香醇的记忆，且让我停下脚步细细的体味。临别之际，无言以赠，谨向昔日关心我的老师、同学、故人道一声珍重……

杨晋渝

2013 年 4 月于重庆